Man spricht nur mit dem Herzen gut

ECON Sachbuch

Jürgen Fliege

Man spricht nur mit dem Herzen gut

ECON Taschenbuch Verlag

Originalausgabe

6. Auflage 1996

Umschlaggestaltung: Theodor Bayer-Eynck
Titelfoto: Bayerischer Rundfunk Kurt Bauer
Rückseitenfoto: Foto Sessner
Gesetzt aus der Bembo, Linotype
Satz: Formsatz GmbH, Diepholz
Druck und Bindearbeiten: Ebner Ulm
Printed in Germany
ISBN 3-612-26044-8

Inhalt

Vorwort

»Im Leben nicht! Sie und Pfarrer!«

Doch, ich bin Pfarrer. Mit Leib und Seele, Haut und Haaren, Herz und Verstand. Und soweit ich mein Leben überblicke, werd' ich es auch immer bleiben wollen. Es ist für mich einer der schönsten Berufe der Welt: bei den Menschen sein dürfen!

Dabei sein, wenn Kinder in die Welt geschickt werden, und erleben, wie offen dann Mütter und Väter für ein neues Stück Leben sind, das in meiner Sprache Gott heißt. Gott, der, in alten Bildern gesprochen, sich wie ein guter Vater anfühlt und Schutz und Geborgenheit bringt.

Dabei sein, manchmal, wenn die heranwachsenden Menschen es zulassen, wenn sie über ihre Berge und durch ihre Täler müssen. Ganz nahe, damit sie einen Tröster spüren an ihrer Seite und bei Trost bleiben können und nicht verrückt werden. Und ein Stück jahrtausendealtes Wissen für sie zur Verfügung haben, das das Leben in unzähligen Schattierungen beleuchtet. Dieses alte Wissen will ich weitergeben, inszenieren, damit es dann und wann hilfreich ist wie gute Medizin! Ich möchte ein Heiler sein! Wer als kleiner Junge nicht König werden kann, muß eben Arzt werden. Eher einer, der zuhört, als einer, der predigt! Das scheint mir heute mehr zu fehlen.

Wie eine Hebamme möchte ich dabei sein und Menschen beistehen, wenn das Leben aus ihren Tiefen heraus wiederkehrt wie lebendiges Wasser, das zurückkommt in wüst gewordenes Land. Und zusehen dürfen, wie sie aufblühen.

Und endlich dann auch: nicht weglaufen, wenn für einen Menschen das Ende der Lebensreise heraufdämmert. Wieder an seiner Seite sein, seine Signale verstehen, in seinen Augen lesen lernen und in seinen Händen die Sehnsucht spüren, begleitet werden zu wollen. Stille aushalten! Gebete, die richtigen Worte finden, nicht irgendwelche! Mut sammeln zu singen, wenn es an der Zeit ist. Gebete bekommen ihre Kraft zurück, wenn man sie singt. Die herbeigeeilten Kinder lehren, daß sie Tod und Tränen nicht fürchten müssen. Solange mich diese Arbeit glücklich macht und mich lebendig hält, nehme ich das Erstaunen vieler Leute, daß ausgerechnet ein Mensch wie ich Pfarrer ist, etwas kokett zwar, als Kompliment an und bin glücklich.

Einem guten Pfarrer müßte es eigentlich nicht anders gehen als sonst irgendeinem guten Menschen, beide wachsen sie mit jeder Geschichte ihres Lebens.

Aufgeschrieben habe ich hier viele solcher Geschichten, die ich mit meinen Kindern, meiner Frau, meiner Gemeinde und vielen anderen Menschen erlebt habe. Nicht zuletzt mit mir selbst. Einige davon habe ich da oder dort in anderer Form im Radio, im Fernsehen oder in Aufsätzen schon erzählt. Hier sind sie nun zusammen.

Geschichten vom Anfangen

Womit beginnen?

Daß ich mehr und mehr erfahre, wie mein Leben der Erfahrung einer großen Reise gleicht? Voller Abschied, voller Sehnsucht, Schutzlosigkeit, mühsames Aufrappeln, Hilferufe, Ziellosigkeit und immer wieder Hoffnung?! Oder darf man gar nicht bei sich selbst anfangen? Ist das zu subjektiv, zu persönlich, zu verstellt, zu einseitig?

Dann fang' ich bei Abraham an, dem Vater des Glaubens. Da, wo alle anfangen, wenn sie über den Anfang unserer Religion erzählen wollen. Ich fange also an, daß Abraham nicht umzog, sondern auszog wie später sein ganzes Volk. Das ist ein elementarer Unterschied. Er wußte nicht, wohin!

Eine Nomadenreligion also, oder eine Flüchtlingsreligion, von Menschen, die nicht bleiben konnten. Eine Flüchtlingsreligion, die Flüchtlingen deshalb immer mit einem besonderen Gefühl begegnet, weil sie die grundlegenden Erfahrungen unserer Religion ständig wiederholt: Schutzlosigkeit, nicht wissen wohin, entwurzelt sein! Ein Leben unter freiem Himmel! Soll ich da anfangen zu erzählen?

Oder soll ich bei Jesus von Nazareth, dem Wanderprediger, anfangen, der unterwegs war von Ort zu Ort, immer in den Fußstapfen des tempellosen Gottes, der lieber was mit verrückten Propheten hatte als mit unverrückbar gefestigten, ja zur Seßhaftigkeit neigenden Priestern am noch seßhafteren und unverrückbareren Tempel. Jesus Menschensohn, der von Freundinnen und Freunden und kleinen Hausgemeinschaften ausgehalten wurde, immer unterwegs mit Gesinnungsgenossen. »Die Füchse haben Gruben, die Vögel haben Nester.« Des Menschen Sohn hatte immer nur den Himmel und die Erde.

Oder soll ich doch lieber mit Martin Luther anfangen, weil ich ja evangelisch-lutherisch getauft bin! (Welch ein provinzieller Begriff aus der Weite des Himmels heraus betrachtet!) Also bei Luther anfangen und dann erzählen, was der antwortete, als der päpstliche Gesandte Cajetan ihn fragte, wohin er denn fliehen wolle, da man ihn doch wohl zu verbrennen gedächte wie vor ihm den böhmischen Johannes Hus. Und Luther antwortete: Sub coelum! Unter den Himmel!

Ich weiß nicht, wo mein Anfang liegt, ob in meiner kleinen Geschichte, in der großen Weltgeschichte oder sogar im großen ständig explodierenden Kosmos, den ich mit meinem Leben nur als Mikrokosmos wiederhole und imitiere wie ein Kind seine Mutter. Einmal auf der Reise, erhellt die Erinnerung die Erfahrung. Déjà-vu-Erlebnisse und die eigene Erfahrung stärker wiederum die Erinnerung an die Wahrheit der alten Geschichten. So sitzt hinter aller Moderne die alte Weisheit von der Reise.

Meine kleine Katze lehrte mich, daß nicht einmal liebhaben festhalten bedeuten kann. Ich durfte sie streicheln. Festhalten nie! Das Loslassen, um lieben zu können, das muß in mir und in meinem Volk noch tiefer gehen. Es sorgt sich so sehr. Es ist ein Volk voller Sorgen, voller Vorräte und Fette. Die Scheunen sind voll, und es hockt doch darin wie ein Narr, der lieber die Vorräte verehrt als die Abenteuer der Reise. Es bleibt sitzen und besitzt dann alles, was es hat. Ein ganzes Leben lang kommt es nicht aus dem Nest. Ein Volk von Brütern!

Wenn keiner mitkommt, muß man allein versuchen loszulassen. Gegen den kanalisierten Strom des stillstehenden Volkes. Allein kann man auch erfahren, daß man nicht schutzlos ist, sondern immer noch unter dem Himmel. Jetzt erst recht lebt man gottunmittelbar. Allein auf die Reise gehen oder in Begleitung, getrieben von Schmerz, Krise und Zweifel, getragen von Sehnsucht und Hoffnung! Es wird wichtig sein, daß wir einander begegnen. Ein Pilger hilft dem anderen auf. Der Blinde trägt den Lahmen den guten Weg entlang.

Und gegen Abend des Lebens in mancher Herberge sitzen und Brot und Wein teilen. Fragen nach dem Wohin und Woher, nach neuen Wegen und alten, erfahrenen Meistern. Erzählen, singen und beten, um zu verstehen. Denn der Weg hat uns alle Naivität genommen, alle Illusion und alle Gewißheit.

»Warum sind Sie eigentlich Pfarrer geworden?«

Wie oft hat man mich das schon gefragt? Ob das eine Berufung sei? Wenn man damit meint, daß es war »im schönen Sauerland, wo ich den lieben Heiland fand«, dann muß ich passen. Ich habe kein Berufungserlebnis. Ich will mich aber auch nicht lustig machen über Menschen, die mit solchen Erfahrungen aufwarten können. Nur als Eintrittskarte in den irdischen Vorhof des Himmels, die Kanzel, sind mir Berufungserlebnisse zuwider! Das kann und soll ja da und dort vorkommen, nur allzuviel Salz verdirbt jede Suppe.

Was weiß ich über meine »Berufung«? Gar nichts! Ich weiß etwas von Jesus, Kirschtorte und Pastor Becker, wenn Sie da einmal zuhören wollen, wenn ich meinen Töchtern davon erzähle? Die bitten mich: »Papa, erzähl von Jesus, von dir oder von Opa Eugen!«

»Okay«, sage ich, »heute abend ist Jesus dran.« Und ich lege mich zu ihnen aufs Bett und wage mich vor in vielen Anläufen und Dämmerungen, von ihm zu erzählen. Und wenn der helle Tag kommt, muß ich dazu stehen und erleben, daß der See wirklich trägt und der Himmel tatsächlich offen ist. Nicht nur im Bergischen Land, noch hinter Wuppertal, wo wir im Zweifelsfall zwischen exakter Historie und persönlicher Erfahrung immer noch auf Erfahrung setzen.

Was kann ich dafür, daß wir in Sachen Erfahrungsreligion gerade im Trend liegen. Pietisten nennen sie uns, Leute, die ihrer Frömmigkeit und eigenen Erfahrung mehr trauen als den Dogmen von oben. Das ist gerade Mode, das ist jetzt Trend. Es gab andere Zeiten, wo wenigstens ich daneben lag. Aber genau da beginnt meine Jesus-Geschichte.

»Erzähl mir von Jesus, Papa!«

Ich war, glaube ich, noch ziemlich klein, so zwei, drei Jahre. Da bin ich ab und zu sonntags, wenn meine Mutter nicht ins Geschäft arbeiten gehen mußte, zu ihr ins warme Bett gekrochen. Und an diesem Sonntag, von dem ich erzählen will, da hat die gesungen. Ein altes Osterlied! Ein Lied aus dem dicken Kirchengesangbuch! Und ich hörte, wie gleichzeitig draußen auf der Straße eine Schafherde mit jungen Lämmern vorbeizog. Sie blökten und jammerten. Jedes Jahr habe ich seitdem auf die Herde gewartet.

Und meine Mutter sang: »Ostern, Ostern, Frühlingswehen! Ostern, Ostern, Auferstehen aus der tiefen Grabesnacht! . . . und der lange Kerker bricht. Und der lange Kerker bricht!« Da hab' ich erlebt, daß man mit geschlossenen Augen sehen kann, wie er mitten in der Mitte langsam nach vorn abknickt und abbricht, der lange Kerker. Kaputt! Aus! Vorbei die Macht des langen Kerkers! Ich habe damals noch gar nicht gewußt, was eigentlich ein richtiger Kerker ist. Nein, halt! Stimmt nicht! Ich habe eigentlich immer schon gewußt, was ein Kerker war: Ein großer, dunkler, mächtiger Mann, der aus meinen Träumen aufsteigen konnte, der in der Nacht kam, und ich konnte nichts machen. Nicht einmal aufwachen! Vor dem ich ungeheure Angst hatte. So sehr, daß ich oft überhaupt nicht einschlafen wollte. Und nach einer Weile lauerte er mir sogar tagsüber auf. Immer, wenn ich im Winter von der beleuchteten Hauptstraße nach Hause abbiegen mußte, wartete der lange Kerker gerade an der dunkelsten Stelle, gleich hinter der Laterne. Die Laterne war bestimmt nur da, um mich zu blenden. Und wenn ich dann die Laterne erreicht hatte und in der Dunkelheit dahinter der lange Kerker doch nicht lauerte, dann war er wohl jetzt ganz sicher hinter mir. Also bloß nicht umdrehen! Lieber die Ohren gespitzt und angestrengt gelauscht und etwas schneller gehen, aber nicht laufen, damit er nichts merkt. Und genau diesen dunklen, unheimlichen Kerl, diesen langen Kerker, hat meine Mutter mit ihrem Gesang mitten entzweigebrochen. Krach! Ich habe es selbst gesehen.

Es war meine Mutter, es war ihr Gesang, vielleicht auch die Lämmer draußen, aber ganz gewiß auch der Heiland. Der Heiland aus dem Kerkerlied. Der Heiland, den meine Mutter mit ihrem Gesang herbeigesungen hatte. Er kam, uns zu helfen, wenn wir sangen. Und er ging anscheinend wieder, wenn die Not vorbei war. Doch genau weiß ich das nicht. Genau weiß ich nur, daß meine Mutter den Heiland sehr lieb hatte. So lieb, daß sie niemandem so richtig davon erzählte. So lieb wie ein Geheimnis! Wenn wir richtig zusammen sprachen, so ohne Bett und mitten am Tag, oder wenn Mutter mit anderen Leuten über solche Sachen sprach, dann hieß der Heiland, wenn er überhaupt vorkam, nur Jesus.

Das ist meine erste Erinnerung an meine Begegnung mit Jesus. Er war eine Mischung aus Engel, Licht, Kraft, Frühling, Ostern, Lämmern, Mutter, dem Bett, Kuscheln, Riechen und Gesang! Gesang, Gesang, Gesang! Ein Sieg! Das Lied habe ich mit den Jahren zum Teil vergessen. Aber noch auf dem Schulhof bin ich mit der Siegesmeldung rumgetanzt: ». . . und der lange Kerker bricht, und der lange Kerker bricht!«

»Papa, eine Geschichte! Entweder von Jesus, von dir oder von Opa!«

Wie meine Mutter geheimnisvoll mit Jesus umging, so, daß sie zum Beispiel mehrere Namen für ihn hatte, je nachdem wie nah sie ihn haben wollte, mal Heiland, mal Jesus, mal Christus, was das entfernteste Wort war, so tat ich es ihr nach. Was ich im Schlafzimmer erlebt hatte, blieb ein Geheimnis. Und so wie meine Mutter nie groß über den Heiland sprach und was er alles konnte, so hab' ich auch nicht darüber gesprochen. Wenigstens damals noch nicht. Dafür habe ich mehr mit ihm geredet. Abends nach dem Nachtgebet. Da habe ich dann noch meine Wünsche und Nöte drangehängt, weil die im normalen auswendig gelernten Gebet ja überhaupt nicht vorkamen. Und wenn es wichtig war für Jesus und für mich, dann hab ich ihn laut gerufen und laut gebetet. Also mit den Lippen richtig! So, daß man es hätte hören und sehen können. Wozu ich also ein bißchen Mut brauchte. Ich habe mich immer getraut, ihm zu erzählen, wenn ich in Not war. Und wenn es weniger wichtig war, dann betete ich zu ihm nur in Gedanken. Im Kopf drinnen! Also, der brauchte dann genausowenig extra meinetwegen rauszukommen. Es war ja nichts los. Und lästig werden wollte ich ihm nicht, wo er doch so viel zu tun hatte. Ich habe dann nur sozusagen im Vorübergehen »Gute Nacht« gesagt. Wie man zu Papa und Mama, bevor man ins Bett geht, noch einmal »Gute Nacht« sagt. Man schläft dann ruhiger ein.

»Und dein Vater, Papa? Von dem erzählst du nie Gutenachtgeschichten!«

Mein Vater war, als ich klein war, ein ganzes Stück weiter von mir weg als meine Mutter. Nicht, weil er immer arbeiten war. Auch wenn er nicht arbeitete, war er irgendwie nicht da. In unserer großen Familie mit sechs Kindern war er stets allein. Meine Mutter hat sich immer getraut, auch auf wildfremde Leute zuzugehen. Das habe ich von ihr geerbt oder gelernt. Mein Vater blieb immer auf Abstand und Distanz. Doch von dem habe ich auch was. Denn was ich mir in meinem tiefsten Herzen so wünschte, richtig wünschte, habe ich mich nicht einmal getraut, in meinen Gebeten zu sagen. Ich muß noch warten, bis heute!

Mein Vater, denke ich, der machte das genauso. Ich habe ihn auch nie richtig beten gehört oder gesehen. Er hat zwar vor dem Essen gebetet: »Komm, Herr Jesus, sei Du unser Gast, und segne uns und alles, was Du uns bescheret hast.

Amen!« Aber irgendwie gekommen, so, daß ich es gemerkt hätte wie damals in Mutters Bett, ist Jesus nicht. Vielleicht, weil keiner von uns wirklich damit rechnete. Oder ihn auch keiner brauchte oder haben wollte. Einen Stuhl und einen Teller jedenfalls haben wir nicht freigehalten. Umgekehrt höchstens! Einmal hat mein Vater, ganz in Gedanken noch bei seiner Arbeitsstelle, Jesus mit dem Besitzer seiner Fabrik verwechselt und gebetet: »Komm, Herr K., sei Du unser Gast und segne uns und alles, was Du uns bescheret hast. Amen!« Daß sich Jesus unter solchen Umständen nicht bemerkbar machen wollte, war für mich kein Wunder. Nur Hunde, die man dressiert und abgerichtet hat, kommen auf Kommando! Aber doch keiner, der helfen soll, der stärker ist, der Macht hat! Doch nicht Jesus! Der läßt sich doch nicht dressieren!

Und einmal hat mein Vater sich sogar verraten. Da kam es heraus, warum er mit uns betete. Ich glaube, es ging ihm um uns Kinder. Er wollte uns erziehen. Er betete nur, damit wir beteten und damit gemeinsam anfingen zu essen. Wir waren die Hunde, die dressiert werden sollten, nicht Jesus! Und das Gebet war das Erziehungskommando. Denn als er dieses eine Mal am Ende des Gebets doch hätte eigentlich Amen sagen müssen, da hat er es nicht gesagt, sondern sofort in einem Atemzug weitergemacht und gesagt: »Jochen, Gerhard, Jürgen, ihr räumt den Schrank jetzt sofort auf! Der sieht ja wieder aus!« Das Amen für dieses Gebet fehlt bis heute.

Aber mein Vater konnte auch so beten, daß Jesus wirklich kam. Als er starb und große, unbeschreibliche Angst hatte und die Haare ihm von einem auf den anderen Tag weiß wurden, da habe ich es miterlebt. Und ich war kein Kind mehr, sondern erwachsen. Wie er in großer Angst, allein zu sein und gehen zu müssen, von mir Abschied nahm und die Hände faltete und weinte und mit mir betete. Das wurde er auf einmal ganz ruhig, ganz ruhig, weil er wohl mit einem Mal doch nicht mehr so allein war. Ich habe ihn danach nicht mehr lebend gesehen. Habe aber, als er im Himmel angekommen war, viel mit ihm geredet. Und er hat zugehört, nur zugehört! Klar, deswegen hab ich ja mit ihm geredet! Weil er sich endlich, endlich nicht gegen mich wehren konnte. Weder mit den Händen, die uns schlugen in seiner Not, noch mit Worten. Mit einem einzigen Wort konnte er mich bis in seine letzten Tage auf Erden klein kriegen. Jetzt, im Himmel, hört er mir nur zu, stundenlang, und erfuhr sicherlich zum erstenmal, daß ich ihn nicht nur fürchtete, sondern auch sehr lieb hatte.

Doch während er hier auf Erden mein Vater war, hat auch er nur heimlich zu Jesus gebetet. Und daß Vater und Mutter miteinander über Jesus gesprochen haben, glaube ich eigentlich nicht; denn Mutter brauchte ihren Gesang, um sich Jesus zu nähern. Vater zwar wohl auch, doch Lieder, in denen Jesus vorkam, sang er nicht zu Hause. Die sang er bloß in der Kirche. Und nur da! Die Kirche, das Gebäude, das Haus, half ihm in seiner Einsamkeit. Mir auch!

»Hat dein Pfarrer früher gesagt, daß du auch Pfarrer werden sollst?«

Das fragen mich manchmal meine Töchter. Nun, gesagt hat er es nicht. Aber ein bißchen ist er sicher auch schuld daran.

Pfarrer oder Pastoren, wie sie bei uns heißen, lebten in einer ganz anderen Welt. Die war ganz verschieden von meiner. Die meisten Leute in Radevormwald haben alles, was mit Jesus und Kirche und Pastor zu tun hatte, geheim gehalten. Die konnten nicht von sich aus, von jetzt auf gleich, singen oder beten. Und da habe ich es eben auch her, daß ich, um aus mir herauszukommen, immer einen Anstoß oder einen Helfer brauche. Einen, der anfängt, oder einen Raum, eine Kirche oder eine Ausweglosigkeit, damit ich Jesus rufe. Pastoren waren da nicht so hilfreich. Jedenfalls, wenn Pastor Becker kam und so einfach mir nichts dir nichts loslegte und von Jesus erzählte, oder die anderen Männer vom CVJM, die sogar laut vom Heiland erzählten, ohne Angst zu haben, daß er dann vielleicht verschwand, ja, die sogar vor aller Augen weinten und vor uns ihre »Sünden« bekannten, dann war mir ganz komisch. Und das ist bis heute so geblieben. Das ist, wie wenn andere dich zum Schmusen brauchen wollen, ohne dich zu fragen. Weinen und Heiland sagen, das waren besondere Dinge, die Anlauf brauchten, eine richtige Stimmung wie Geheimnisse. Geheimnisse, die nur in der Kirche zu erzählen erlaubt waren, von denen man nur dort laut darüber reden durfte. Meistens reden die Pfarrer aber sogar in der Kirche zu laut über die leisen Dinge. Sie stehen dafür extra auf, werden laut und lauter, klettern auf die Kanzel, und nichts bleibt geheim. Nichts! Es ist furchtbar! Dabei ist der richtige Umgang mit Geheimnissen wahrscheinlich die wichtigste Kunst der Kirche überhaupt. Sollte ich Pastor werden, um es besser zu machen? Später habe ich gelernt, daß Geheimnis auf Griechisch *mysterium* heißt und auf Lateinisch *sacramentum*.

So viel zu sagen haben wie Pastor Becker!

Weil also Pastor Becker in der Kirche zu sagen hatte und viele, viele Männer und Frauen sogar hatte weinen sehen, war er ein ganz mächtiger Mann. Ganz anders als Jesus! Er war viel strenger, und er roch aus dem Mund! Er war mächtig, weil er eben viel wußte, weil er mit vielen Geheimnissen vertraut war. Mächtig, ohne daß man es sehen konnte, genau wie bei Jesus. An der Kleidung verriet er auch nichts. Er hatte keine Waffen, um sich zu wehren! An den Titeln sah man es nicht! Und an den Muskeln nicht! Und er roch auch nicht so wie die Fabrikbesitzer in unserer kleine Stadt.

Ein mächtiger Mann, ohne daß man es sehen konnte! Das war was für mich! Denn ich war der kleinste Bruder von dreien, meine Schwestern einen Augenblick lang außer acht gelassen, die uns Jungen in der Geschwisterfolge sozusagen einrahmten. Und ich mußte mich vor meinen Brüdern hüten. Wie alle kleinen Brüder vor den großen! Und mein Jesus funktionierte! Nicht, daß er mich vor den Schlägen und Angriffen meiner Brüder schützte! Nein! Die habe ich schon gespürt. Nein, ich zählte die blauen Flecken und war ganz sicher, daß meine Brüder und jeder andere, der mir später weh tat, einfach doof waren! Sie haben mir oft blaue Flecken geschlagen. Welche, die man sehen konnte, auf der Haut, und unsichtbare, unter der Haut.

Aber ein Volltreffer, der mich umgehauen hätte, zerstört und gebrochen hätte, der war unmöglich geworden. Jesus – Heiland sagte ich langsam nicht mehr – hatte angefangen, mich nicht allein zu lassen. Er hatte angefangen, mich liebzuhaben. Ich war leicht verletzlich geblieben, aber nicht mehr tödlich zu treffen. Ich war mit ihm stark geworden. Und ich wollte Pastor werden, um noch stärker zu werden. Pastor wollte ich werden wie Pastor Becker! So viel zu sagen haben wie Pastor Becker! So gefürchtet sein wie Pastor Becker! Solche Geheimnisse wissen wie Pastor Becker! Und selber bestimmen, wer mir nahekommen dürfe und wer nicht.

»Der Großvater hat dich zum Pfarrer gemacht, echt!?«

Mein Großvater hat mir dabei geholfen. Mein Großvater und sein Kalender! Opa hatte nämlich in der Wohnküche einen Kalender vom Jünglingsverein, von dem er jeden Mittag vor dem Essen ein Blatt abriß und es meiner Oma vorlas. Erst, wenn er das Blatt abgerissen hatte, stand auf dem Kalender das richtige Datum. Ich war oft dabei. Ich habe nie verstanden, was auf der Vorderseite des Kalenderblattes stand. Und ich verstehe heute noch nicht viel mehr, wenn immer von Christus die Rede ist, Gottes eingeborenem(?) Sohn, geboren von der Jungfrau(?) Maria, der für unsere Sünden(?) gestorben ist und begraben wurde und uns den Heiligen Geist schickte, der wiederum dasselbe ist wie Gott und Jesus zusammen, nur anders. Aber auf keinen Fall drei! – Das ist doch nichts für normale Leute, die bis drei zählen können müssen, um durch das Leben zu kommen! Gott kann doch nicht nur für Überkluge da sein?! Gott muß doch einfach *sein*! Die Vorderseite oder die »kluge Seite« des Kalenders, wie ich immer sagte, die hat mich nie interessiert. Bis heute nicht!

Auf der Rückseite von Opas Kalender aber standen Geschichten von Jesus wie meine Geschichte mit ihm und dem langen Kerkermann. Männer und Frauen erzählten, wie Jesus ihnen half. Das war spannend. Das war lebendig! Tucholsky hätte meinen Großvater kennen sollen! Opa Eugen hätte ihn gelehrt, daß man auch dann fromm sein und werden kann, wenn man »hinten durchaus noch hoch kommt«. Religionslieder als Weisheitslehre, die alles hinnehmen und in Fatalismus einschwenken, sind an meiner Wiege nicht gesungen worden. Eher waren es »Reichslieder«! So hießen die wirklich. Und sie erzählten davon wie »fest und treu« der Daniel aus der Bibel war, und viele Lieder mit vielen Fahnen drin, immer wieder Fahnen. Ein Reich, eine Fahne! Hurra und Amen! Von Opa Eugen lernte ich Kaninchen schlachten, Äpfel pflücken, Holz sägen, Holz spalten, Feuer anmachen, Marmelade kochen, Wein ansetzen, Hühner köpfen, Kartoffeln pflanzen, Kartoffeln ernten, Fische entgräten, verstopfte Klosetts säubern, Jacken flicken, Hände wärmen, Kartoffeln pellen, Kirschen ernten. Es gab nichts, wo der große alte Mann in meinen Augen nicht dran kam. Von wegen Tucholsky, und fromm sein hieße, hinten nicht mehr hoch zu kommen! Und zwischen all der Fingerfertigkeit und zwischen allem Handwerk ging bei ihm Jesus übers Wasser und rettete meinen Großvater wie einst Petrus, den Alleskönner und Besserwisser vor dem Versinken.

Das Wichtigste aber geschah, wenn Opa Eugen anfing zu beten. Seine Stimme veränderte sich. Er schrie nicht mehr, wie er so oft meine Oma Alma anschrie! Ganz tief und sanft und langsam wurde seine Stimme, wenn er betete. Alles wurde langsamer – wie in einer Zeitlupe. Der Himmel muß langsam sein. Alles wurde ganz anders, wieder so geheimnisvoll. Und leise rief er mit geschlossenen Augen und über den Bauch gefalteten Händen nach Jesus, der auch sein Heiland war: »Komm, Herr Jesus, sei Du unser Gast und segne uns . . .« So hat er gebetet. Und vor ihm dampfte ein mit Kartoffeln überfüllter Teller. Und ich hab' es ihm nachgemacht bis heute.

Ora et labora! Also soviel beten, als wenn alle Fingerfertigkeit nichts nützt. Und soviel arbeiten, als wären alle Gebete umsonst. Mein benediktinischer Großvater kannte zwar den Heiligen Benedikt nicht, trug aber für den Kaiser die Post über die Dörfer. Und wurde während der Kriegszeit mitsamt seinen Kindern über Wasser gehalten, ganz konkret, von den Dorfbauern.

So habe ich von meiner Mutter, wie ich mit Liedern zu Jesus reisen kann. Und von meinem Großvater habe ich, wie man ihn rufen kann, so, daß er wirklich kommt und alles langsam wird und ruhig und beruhigend.

Fast hätte ich vergessen zu erzählen, daß Opa Eugen immer Kirschtorte buk mit Schlagsahne obendrauf, wenn ein Pastor sich zu Besuch angesagt hatte. Da lag ich doch gar nicht so falsch, selber so ein Pastor zu werden, oder?

»Und wie wird man dann endlich richtig Pastor?«

Indem man in die Schule geht, dann aufs Gymnasium und dann Theologie studiert. Nur, ich konnte schon in den ersten vier Schulklassen nicht richtig schreiben und erst recht nicht richtig lesen. Irgendwas in meinem Kopf war anders als in anderen Köpfen. Ich verstand zwar die Witze schneller als andere, aber Vokabeln behielt ich nie. Und wenn in unserer Sprache schon nicht alles so geschrieben wird, wie es gesprochen wird, dann in der englischen und französischen Sprache erst recht nicht. Keine Chance für mich! Normalerweise! »Aber wenn der liebe Gott will«, hab' ich damals mit zehn Jahren gesagt, »daß ich eines Tages Pastor werden soll, dann wird er auch darauf sehen, daß ich die Prüfung fürs Gymnasium bestehe!« Und merkwürdigerweise hat er wohl darauf gesehen, und ich bestand die Aufnahmeprüfung und hatte erst einmal Ruhe.

Sozusagen Pastor ein bißchen geübt habe ich dann über Jahre im Christlichen Verein Junger Männer, dem CVJM. Je öfter ich in der Schule sitzenblieb – das Lesen und Schreiben wurde und wurde nicht besser, und es hagelte Fünfen und Sechsen bis ins Zeugnis hinein –, je weniger ich mich traute, richtige Freundinnen zu haben, weil sie doch nicht mit einem Sitzenbleiber »gehen« würden, desto häufiger konnte man mich im Vereinshaus finden. Ich habe da geradezu überwintert und an langen Winterabenden eben gelernt, wie man von Jesus erzählen kann.

Und hier entdeckte ich, daß es neben Singen und Beten noch einen dritten Weg gibt, mit ihm zusammenzutreffen: von ihm erzählen und sich von ihm erzählen zu lassen. Und weil man ja um so besser erzählen kann, je mehr man dabeigewesen ist, bin ich einfach immer mitgegangen und habe mich umgesehen in Kapernaum, in Kana, ich bin mit auf dem See Genezareth gefahren, auch nach Gethsemane bin ich mitgegangen, und heute noch höre ich die Trommeln der »Kriegsknechte«.

Und ich habe, wie das eben so ist, eine Menge auch gesehen von dem, was nicht in der Bibel steht. Die Bibel, die war wie Großvaters eingedickter Johannisbeersaft. Ich habe sie mit viel eigenem Wasser verdünnt. Aber so konnte ich mehr davon trinken und andere davon trinken lassen. Sie wird nicht leer! Bis heute nicht, wenn ich bei der Speisung der Fünftausend noch Rosinen erspähe und sie in die Geschichte hineinschmuggle. Rosinen, die nicht einmal der Evangelist Matthäus entdeckt hat. Kein Wunder, wo sie doch sicherlich von den Leuten zu allererst aufgefuttert worden sind. Der weniger köstliche Fisch reichte noch gerade für alle. Und normales Brot lag sogar noch später in Brocken unter den Leuten herum. Was Wunder, daß es so ins Neue Testament kam. Wenn ich erzähle, dann fliege ich wie im Traum durch tausend Jahre, lande auf einer Bibelseite und lasse mich bewegen.

Und weil ich singen und beten und erzählen und zuhören und damit durch Zeit und verschiedene Wirklichkeiten fliegen kann, habe ich nie verstanden und es auch nie so erlebt, daß es mit Oma Höh wirklich zu Ende gehen sollte. Ich durfte sie schon seit Wochen nicht mehr besuchen. »Krebs«, hatte der Arzt gesagt. Und was das bedeutete, wußte ich auch mit meinen dreizehn Jahren. Und meine Oma Höh stirbt. Mutter kommt abends weinend in mein Schlafzimmer und sagt es mir. Als sie wieder geht, ziehe ich vorsichtig die Hände unter der Bettdecke hervor. Ich bin sicher, Oma sieht, wo sie waren, und würde es nicht für gut heißen. Sie war da anders als Jesus.

Zur Beerdigung kommen sie nun alle in »meine« Kirche. Seltene Augenblicke. Ich empfinde so etwas wie Heimvorteil in den nächsten Minuten. Sie singen »Wo findet die Seele die Heimat, die Ruh' . . .« und sind tief erschüttert. Ich spüre ihre Angst, sich in die ungewohnten Tränentäler fallen zu lassen. Ich weine auch. Doch dabei empfinde ich eine große Wärme und Ruhe: Oma Höh, meine Oma, ist zu Hause angekommen. Sicher! Warum sollte ich meinen Gefühlen nicht trauen? Ich weine, und in den Tränen bin ich ihr in dieser neuen alten Heimat ganz nah. Oma weint sicherlich genauso da drüben. Die Tränen sind der Vorhang zwischen Himmel und Erde. Von der einen, der hinteren Seite, die man später sieht, sind es immer Glückstränen, und von der anderen Seite, der Vorderseite, die man zuerst sieht, immer Trauertränen. Tränen, Wasser, Untergehen, Taufe, Wiedergeburt und Himmelreich: Mein Jesus, der mich hier schon verdeckt und versteckt, »gedrückt, aber nicht unterdrückt« atmen ließ, nimmt sie nun ganz in sein unsichtbares, geheimnisvolles Reich.

Aber vielleicht habe ich auch nur zuviel Don-Camillo-Filme angeschaut. Wir werden sehen.

»Sind Pfarrer Muttersöhnchen?«

Zu Hause saß ich bei Tisch mit meinen fünf Geschwistern immer etwas näher bei Mutter: am Ende des Tisches! Vater saß »vor Kopf«. Und bei Vater, da saßen Ruth und Elli, unsere beiden Dienstmädchen. Von meinem Vater ging Macht aus. Und die reichte ganz handgreiflich hin und wieder über die beiden fremden Kindermädchen hinaus. Und so gab es immer wieder verständliche Streitigkeiten zwischen mir und meinen beiden nachgeborenen Schwestern, wer denn näher bei der Mutter sitzen durfte. Und selbst, als man an meine Einsicht appellierte, daß die Kleinen doch noch Mutters Hilfe bräuchten bei Tisch und ich deshalb doch, bitte schön, endlich hochrutschen sollte Richtung Vater, da hatte ich das Gefühl, irgend etwas Lebenswichtiges aufgeben zu müssen. Was das war, weiß ich erst heute.

Meine Mutter hat mir viel geschenkt. Und einen Rat von ihr, wenn ich wieder einmal schutzsuchend zu ihr kam, weiß ich noch heute: »Junge, du mußt dir eine Elefantenhaut zulegen! Schaff dir beizeiten ein dickes Fell an! Ein weiches Herz gehört in eine harte Schale!« Meine Mutter und harte Schale! Das glaubt sie doch selbst nicht! Sie war eine der ersten, bei denen ich predigen lernte, weil ich die Predigerkrankheit sah: Tausenden hat sie so geraten und konnte sich selbst vor Tränen nie retten!

Wie soll man auch ein weiches Herz unter der harten Schale bewahren? Lebendiges und Abgestorbenes in einer Seele vereinen? Da hat man doch das halbe Leben mit dem halben Leib schon abgeschrieben und aufgegeben! Als wenn nicht alles zusammengehörte: Herz, Haut und Haare! Ich bin doch keine Kokosnuß! Nein, Mutter, das kann, das darf nicht wahr sein! Eine Elefantenhaut, eine harte Schale, eine Rüstung mit Visier soll ich mir wachsen lassen! Ja, wie denn, wo denn, wann denn? Wenn ein Mensch offen ist, klein oder groß, ganz egal, ganz und gar offen, um alles um sich herum wahrzunehmen und daran teilzunehmen, mitzulachen und mitzuweinen, dann geht das doch nur, wenn alles raus und reinkommen darf: Sonnenschein und Regen! Wenn alles von Herzen kommen soll, dann muß auch alles zu Herzen gehen!

Meine Mutter mit ihrem guten Rat wollte mich wohl für das »feindliche Leben« rüsten – und traute dabei ihrer eigenen Erfahrung nicht. Sie, die bis dahin sechsmal, also ihr halbes Erwachsenenleben schwanger war oder mit einem Säugling oder einem Kleinkind verbrachte und während dieser Zeit zu ihrer elementaren Verteidigung von Leib und Leben nichts beizutragen hatte, als gefährliche Zeiten durchzustehen und ruhig zu bleiben. Oh, Mutter!

Wehrlos zwischen Mutter und Vater

Ist das vielleicht nur eine Erfahrung, wie sie nur Frauen machen können? Schwangere Frauen und Mütter? Nichts für kleine Jungs und große Kerle!?

Ich glaube kaum! Werdendes Leben ist immer schutzlos, hat nichts mit Frauenrollen und Männererwartungen zu tun. Schutzlos etwas aushalten legt immer die religiöse Tiefe der Seele frei. Aushalten und akzeptieren führt zu Religiosität und Frömmigkeit. Aushalten und akzeptieren legt das Gefühl absoluter Abhängigkeit frei. Religion stärkt das Aushaltenkönnen. In der Schwangerschaft der Frauen und im schutzlosen Unterwegssein der Männer kristallisieren sich langsam religiöse Erfahrungen heraus. Doch meine Mutter, die in ihrer jahrelangen Schutzlosigkeit ihre eigene Frömmigkeit probierte, schob den schutzlosen Jungen einen Stuhl weiter in Richtung Vater. Da sitzt er nun, oben vor Kopf, mein Vater! Und spricht kein einziges Wort! Herrscht und beherrscht Situationen und Menschen durch Schweigen! Bis heute kann ich das nicht ertragen. Wie ein Berg sitzt er da. Nein, er thront! Eine Burg, eine Festung! Uneinnehmbar wie Jericho! Mauern, die nichts durch und drüber lassen, Gräben, durch die er mich erst ins Schwimmen geraten läßt! Trompeten und Wunder müssen her, ihn für mich einzunehmen. Hilfe!

Durch welchen Notausgang hat sein Herz wohl zu meiner Mutter gefunden? Und so soll ich werden? In diese Richtung soll ich wachsen?

»Von wem hast du mehr: von Mutter oder Vater?«

Weiß ich nicht genau! Deswegen erzähl ich es doch, damit es wieder hoch kommt und ich es selber sehe!

Das Hin und Her zwischen Geborgenheit am Ende (des großen Tisches) und Wehrhaftigkeit zu Kopfe hat bei mir nicht aufgehört.

Als ich 18 wurde, da war es wieder da. Der Vater der Väter, Vater Staat, gab Bescheid, daß es von Staats wegen zum Schutze der Mutter Gesellschaft und ihrer Kinder nichts Besseres gäbe auf der Welt als eine harte Schale! Eine aus Panzerstahl mit Strahlenschild und was weiß ich. Dabei hatten die Väter mit dieser Ansicht doch eben erst über Kriegsjahre hinweg schlechte Erfahrung gesammelt. Und jetzt, wenige Jahre nach dem Krieg, hielten die Männer, die Köpfe, die Väter, Wälle, Mauern, Gräben, Sprengköpfe immer auf dem neuesten Stand, versteht sich, das wurde nie problematisiert. Da habe ich zum erstenmal in meinem Leben laut und vernehmlich Nein gesagt. Aus dem ursprünglichen Gefühl der Geborgenheit bei meiner Mutter war eine Entscheidung herangereift. Zuhause war ich in der Schutzlosigkeit. Da spürte ich Heimat und Geborgenheit. Wehrhaftigkeit und Entschiedenheit, die nur auf eigenen Füßen steht, bedeutet mir seit der Zeit Fremde.

Himmelfahrt mit Mädchen

Mit vierzehn Jahren schrieb ich dem Jünglingsverein alias CVJM ein vielseitiges »Memorandum« über Männervereine und ihre Sexualfeindlichkeit in seine Annalen. Weil ich von den ersten Erfahrungen des Verliebtseins entflammt bin, sind die alten Vorstandsherren verschnupft. Sex gehöre nicht zu christlicher Jugendarbeit! Jungen und Mädchen müssen getrennt voneinander groß werden. Mit einer geduldeten Ausnahme: Himmelfahrt!

Und so vollzieht sich die einzige erlaubte Begegnung mit Mädchen und Mädchengruppen unter dem Patronat der Kirche immer zu Himmelfahrt. Und nur zu Himmelfahrt! Und auch da nicht als reiner Selbstzweck! Es geht mit dem Zug nach Wuppertal zum Jugendmissionsfest, wenn man nicht auf halber Strecke in Beyenburg aussteigt, weil da regelmäßig Kirmes ist, wo dann der liebe Gott genauso regelmäßig die bis dahin treu zu ihm stehenden jungen Christen abschreiben mußte. Egal nun, wie weit man die Reise schaffte: Es gab also neben dem Kalenderjahr zum ersten Januar, dem Kirchenjahr zum ersten Advent und dem beliebig beginnenden Geschäftsjahr ein Jungscharjahr, das für mich immer zu Himmelfahrt seinem Höhepunkt zusteuerte. Gitarrenspielen lernen fängt man am besten nach Himmelfahrt an, um nach einem Jahr den Mädchen vorzuspielen. Und schmucke weiße Ralleystreifen läßt man sich von seiner Mutter am besten kurz vor Himmelfahrt auf das Halstuch nähen, um damit zu glänzen.

Und diese zärtlichen, rotanlaufenden Stunden sollen im Zwielicht bleiben? Mein zünftiges Gitarrenspiel, das soll alles umsonst sein? Nie und nimmer! Hier stimmt doch was nicht! Also schreibe ich eine ausführliche Darlegung, warum diese Form von geschlechtsspezifisch getrennter Jugendarbeit eher ein abartiges Affentheater überalterter Herren darstellt als die Vorbereitung auf ein mutiges Christenleben. Ich bleibe jedoch wieder vorwiegend theoretisch, statt meine Phantasien auszuleben. Noch war es üblich, daß man zuerst den Vater fragen mußte, bevor man die Tochter schwängerte.

Daß Sexualität und Religion Schwestern sind, vielleicht sogar Zwillingsschwestern, und ihre gemeinsame ekstatische Herkunft und Absicht nicht verbergen können, habe ich damals schon geahnt. Jetzt weiß ich es. Ohne ekstatische Erlebnisse und unsere Sehnsucht, sie auch erleben zu wollen, läuft gar nichts. Sex ist die Reise des Körpers, der aus seinen engen Grenzen heraus will, um sich mit dem Leben zu vereinen. Er ist sich selbst zu wenig. Der Körper weiß das. Er ahnt, wo wir herkommen! Zumindest aber weiß er, wo wir hin wollen! Und Schwester Religion inszeniert die Seelenreise, weil sie unter dem Sternenhimmel nicht mehr allein sein will! Sie sucht einen Weg aus den engen Grenzen des Ichs heraus. Eine Reise der Seele mit derselben Ahnung und Richtung wie der Körper, eine Reise, auf der man seine »Sünde«, sein »Abgesü(o)ndertsein« von allem, was lebt, einen Augenblick oder auf ewig verliert. Brücken zwischen diese Körper- und Seelenerfahrung zu schlagen ist uns in der

Kirche bis heute nicht gelungen. Tanzen lassen wir nur die Derwische. Zeremoniellen Reigen von Männern und Frauen führen die Anthroposophen uns vor. Die verbreitete Sexfeindlichkeit der Kirche verstehe ich daher eher als Eifersucht denn als Fürsorge den Schäfchen gegenüber.

Erlösung will ich!

Ich studiere Theologie: Durch Tübingen habe ich zwar keine roten Fahnen getragen, aber »Sympathisant« war ich schon. Meine frommen Kommilitonen waren schließlich mitsamt ihrer kirchlichen Posaunenchor-Instrumente ins sozialistische Lager übergelaufen und übten dort ernsthaft, damit zu maschieren. In der Kirche zu Hause hatten sie sich nicht bewegen müssen. Aber jetzt! Der 1. Mai stand schließlich vor der Tür. Ich schaute zu. Mein ungebrochen offener Kinderhimmel bewahrte mich davor, unter Posaunenklängen das »Himmelreich auf Erden schon« errichten zu wollen. Das mußte eine schlechte Kopie werden. Und Tübingen schien mir dafür eh ganz ungeeignet. Und daß Lenin wie Jesus auch allein angefangen hatte ... Hat nicht alles alleine angefangen! Ich doch auch! Kein Lenin wird eine Welt schaffen können, in der die Tränen nicht mehr fließen. Ich will keine nur von den Philosophen »veränderte Welt«, ich will eine erlöste Welt! Die interessiert mich.

Das Studium ist kaum vorbei, da muß ich für eine qualifizierte Seelsorgeausbildung ein Praktikum in einer Nervenheilanstalt absolvieren, Abteilung: Geschlossene! Frauen! Also selbstmordgefährdete Frauen! Und ich stehe da mit der Revolution! Ich kann doch nichts! Und ändern kann ich erst recht nichts! Was soll ich denn hier machen?

Wahrscheinlich ganz einfach: Zuerst soll der Rest vom

Roten Morgen aus Tübingen mir vergehen, und mein Spott, der alles so schön auf Distanz halten kann, ist hier nicht gefragt. Dann werde ich von den auf Erlösung wartenden oder schon längst entäuschten Frauen in Beschlag genommen. Aber noch einmal: Ich kann doch nichts! Gott im Himmel, ich kann doch nichts! Und ich kann erst recht nichts ändern! Was soll ich tun? Was soll ich ändern?

Da bittet mich eine junge Frau, bei ihr zu bleiben, wenn sie, wie sie sagt, wieder von den Dämonen gepackt wird und sich selbst verletzen will. Gut, bleiben kann ich ja! Als es soweit ist und sie ihre Selbstkontrolle schwinden spürt, bittet sich mich noch, aus ihren Papiertaschentüchern schnell eine weiße Altartischdecke auf dem Krankenzimmerboden auszubreiten. Soll ich? Ich bin hilflos, will sie aber nicht allein lassen und lege die Papiertaschentuchdecke zurecht. Sie drapiert wie gejagt eine Bibel und offenbar als zusätzlichen Schmuck im Garten aufgelesene Tannenzapfen darauf. Jetzt bittet sie mich niederzuknien und mit ihr gemeinsam auf Knien eine Prozession über den Krankenhausflur anzufangen. Soll ich? Vor allen Leuten, Pflegerinnen, Schwestern, Patienten? Ich werde mich lächerlich machen! Aber ich hatte doch versprochen, sie nicht allein zu lassen. Ich gehe auf die Knie. Wir ziehen los, immer nebeneinander her. Wir beten. Und während ich neben ihr vorwärtsrutsche, spüre ich, daß ich ihr in unserer gemeinsamen Unfähigkeit, den inneren und äußeren Mächten dieser Welt hilflos ausgeliefert zu sein, sehr ähnlich werde. Uns unterscheidet in diesem Augenblick nicht mehr viel, die »besessene« Frau und den merkwürdigen jungen Geistlichen, der mit ihr auf Knien betend über den Flur rutscht. Ich bin ihr nahe. Sie lehrt mich eine neue Medizin.

Der Schub ist überstanden. Sie hat nach keinem Messer Ausschau gehalten. Ich weiß nicht mehr, ob wir geweint haben. Aber ich weiß, daß ich total verschwitzt war. Gibt es Wiedertaufe?

Allein gegen die Väter!

Wieviele Männer, die mir begegneten und noch begegnen, müssen herhalten, bis der eigene Vater gekaut und gegessen hat, bis er süß wird und von mir verdaut werden kann? Wieviele? Viele! Männer, Väter, Autoritäten! Und mancher Kirchenvater und Kirchenfürst, Oberkirchenrat und Bischof hat Schläge von mir bekommen, die gar nicht ihm gegolten haben, die ich nur meinem eigenen Vater nicht wagte zu geben. Aber im Austeilen waren die fremden Herren auch nicht schlechter als mein eigener Vater. In der Prüfung am Ende des Theologiestudiums gaben sie meiner Examenspredigt eine Sechs! Ungenügend! Und damit war ich nicht tauglich für die »Wortverkündigung« der Kirche. Gerecht war das nicht. Schließlich gab es durchaus Prüfer, die derselben Predigt eine Eins zugestanden. Aber es war die postwendende Antwort der kirchlichen Hierarchie auf meinen Spott, den ich jahrelang mit ihrer Sprache trieb, mit ihrem Umgang miteinander, mit ihrer mangelnden Glaubwürdigkeit, mit ihrer offenbar von ihnen gefühllos verwalteten Kirche. Wie kann denn ein Bischof meiner Kirche seinen Nachfolger einsegnen wollen, und hat dafür nur eine Hand übrig? Während die zweite bischöfliche Hand ein schweres schwarzes Buch zwischen die beiden halten muß, das wohl den Blickkontakt behindern oder völlig unmöglich machen soll? Segnen muß doch so einfach sein, daß es sogar und ausgerechnet Kinder besonders gut verstehen. Da braucht doch niemand ein Nachschlagewerk oder einen Spickzettel! »Ich liebe dich!« muß niemand ablesen! »Gott liebt dich«

muß niemand ablesen! Wer da abliest oder ablesen muß, ist weder bei der Sache, noch dabei zu lieben! Ich sah wieder meinen Vater, wie er geistesabwesend das Mittagsgebet nicht hinbekam.

Das »Muttersöhnchen« suchte weiter mutige Väter, um in ihrem Schatten mutigsein zu üben. Sie taten ihm den Gefallen nicht. Sie nicht und damit das Leben nicht. Bis heute nicht. Ich komme um mein Erwachsenwerden einfach nicht herum!

Nachgetragene Liebe

Meine Mutter hat meinen vor über zehn Jahren verstorbenen Vater nie oder fast nie auf dem Friedhof besucht. Sie sagt: Der liegt ja sowieso nicht da! Warum soll ich da hingehen? Und so recht sie damit hat, schlagfertig ist sie sowieso, ich ärgere mich darüber. Natürlich liegt er nicht da! Oder wenigstens liegt an dieser Stelle des Friedhofs nicht das, was ihr an meinem Vater eventuell wichtig oder liebenswert gewesen ist. Natürlich nicht!

Aber wo ist dieses Stück faßbare Erinnerung an Vater denn sonst zu finden? Hat sie irgendeinen Ort oder irgendeine Zeit meinetwegen auch, wo sie sich aufmacht, meinen Vater oder das, was von ihm noch übrig geblieben ist, zu suchen oder sogar zu besuchen? Mutter verrät nichts darüber. Sie wird ihre Gründe haben.

Und ich bin allein auf der Suche nach dem verloren gegangenen Vater. Wo soll ich ihn suchen, auf dem Friedhof, in der Kirche, in dicken Fotoalben, in meinen Träumen? Wo ist er? Kann ich mit ihm reden? Und wenn ich reden kann, soll ich laut oder leise sein? Ist man dann verrückt, wenn man laut oder leise mit seinem verstorbenen Vater redet? Wird man dann in eine Anstalt eingewiesen, ins Krankenhaus oder kommt man in die Gesellschaft zurück?

Wird er mich hören, wenn ich mit ihm rede? Kann er mich sehen? Ich weiß es nicht! Ich weiß es nicht!

Aber ich rede dennoch mit ihm. Ich weiß ja auch genauso wenig, ob es einen Gott im Himmel gibt, und rede trotzdem mit ihm. Warum kann ich nicht dasselbe erholsame Spiel mit meinem Vater machen? Nur, weil es nicht in der Bibel steht? Da sei König Saul aus dem Alten Testament vor! Der redet doch auch mit den Toten! Also red' ich auch mit ihm. Selten zwar, aber immerhin! Ich versuche rauszukriegen, was er zu diesen oder jenen Dingen in meinem Leben sagt oder sagen würde. Er ist sicherlich großzügiger geworden. Kein Wunder, mit diesem Überblick!

Und dann und wann bin ich über ihn hinaus mit meinen Gedanken bei Großvater Eugen. Großvater, Vater, Sohn! Da steht man auf einmal in einer Reihe, die nicht danach fragt, wer schon gestorben ist und wer grad nocht lebt. Großvater, Vater, Sohn und dann meine Kinder und dann . . .? Wer kommt dann und wer kommt nach denen? Wie sehen die Kindeskinder aus? Was werden die tun? Ein irrer Gedanke kommt mir. Werden die wohl unsere Rente auszahlen, damit wir Altgewordenen leben können, oder werden sie eine ganz andere Rechnung aufmachen: Ihr alten Generationen habt unterm Strich mehr kaputt gemacht als Leben ermöglicht! Geht weg, ihr Alten, und seht, wo ihr bleibt!? Da müssen wir uns vorzeitig verkrümeln. Könnte doch sein?!

Der Ausflug zu den Ahnen spannt immer einen Riesenbogen von der Vergangenheit in die Zukunft und schafft Überblick. Er läßt ahnen, was kommt.

Von Engeln und anderen Helfern

Der blinde Bartimäus

Jetzt muß ich also Sonntag für Sonntag auf die Kanzel. Ich weiß noch nicht, daß das eine geistige Disziplin von mir fordert, die mir hilft, in meinem Leben nicht zu verkommen. Ich muß regelmäßig denken und fragen, antworten und präsent sein. Jetzt hat das Abenteuer angefangen, es anders zu machen als andere. Ich will nicht nur für die Gemeinde predigen. Ich will für mich predigen! Ich will was davon haben. Ich will etwas lernen! Und weil ich bislang nur etwas aus Erfahrungen lernen konnte, will ich, daß im Gottesdienst mit mir etwas passiert. Ich baue genau wie im Physikunterricht seelisch-psychische Versuchsreihen in der Kirche auf; meditiere vor der Gemeinde auf Stelzen stehend darüber, daß keine Hand frei bleibt bei den Aufsteigern, weder für das eigene Leben noch für andere Menschen. Ich lasse von jedem Besucher kleine, dünne gebrochene Tapezierleisten als Symbol des eigenen Rückgrats aneinanderbinden und verbinden, und siehe: Sie tragen wieder. Und endlich traue ich mich eines Tages mit verbundenen Augen auf die Kanzel. Ich habe nämlich einen Verdacht!

Stimmt das, daß ich, ohne es zu wollen, der Gemeinde

nach dem Mund rede? Stimmt es, daß ich weniger kritisch über Atomkraft rede, sobald Professor H. da ist, der eine Kernforschungsanlage leitet? Können die Menschen rechts und links des eigenen Weges sogar einen Menschen daran hindern, seine Not herauszuschreien, weil es sich in ihren Augen nicht gehört? Ich will es wissen und steige »blind« wie der blinde Bartimäus aus dem Neuen Testament auf meine Kanzel und erzähle von ihm, wie er an der Straße sitzt und Jesus um Hilfe ruft und von den Menschen schroff zurechtgewiesen wird. Doch die hatten die Rechnung ohne die jahrelange Erfahrung eines Blinden gemacht. Er war auch blind geworden für schiefe Blicke und wohl auch taub für Worte aus demselben schiefen Geist. Bartimäus hat Augen für seine Not. Jetzt sogar und um so mehr und ruft Jesus um Hilfe, egal wer zuhört oder zusieht. Die eigene Not ist der Maßstab und nicht die Contenance! Zum erstenmal rede ich so frei wie nie. Ich habe es geschafft. Ich bin ein Stück weitergekommen dank Bartimäus, dem Blinden!

Später lese ich, daß »Blindsein ein Geschenk sein könnte«. Geschrieben von einem Blinden, der versuchte, sich »selbst nicht mehr als einen durch Gebrechen behinderten, sondern als einen mit einer Gabe ausgestatteten Menschen zu sehen«.

Engel, gibt's die?

Als ich das erste Mal einen Engel sah, habe ich es weder gemerkt noch gewußt. Das Leben ging wieder um die Kurve. Krise, wie die Griechen sagen! Und Kurve und Krise meint immer dasselbe: Man sieht einfach nicht mehr weit! Der Blick ist verstellt, wenn man es äußerlich betrachtet, oder getrübt, wenn man die Unsicherheit eher innen ortet. Immer aber gilt, es fehlt der Horizont. Es ist keine

Perspektive da. Wo führt der Weg hin, der morgen schon nicht mehr zu überblicken ist? Geht es rauf oder runter? Ist es eine Chance oder wird es ein Absturz?

Ich soll in eine neue Pfarrstelle. Bei der alten Gemeinde bin ich gerade hochkantig rausgeflogen. Die Sympathisanten von dort muß ich hinter mir lassen. Ich bin also wieder einmal allein und will ein bißchen Gestalttherapie machen und mich wiederfinden. Ich gehe dafür nach England. Merkwürdig orange gekleidete Gestalten laufen im Therapiecenter herum. Bhagwan und seine Anhänger waren damals noch nicht bis ins Rheinland vorgedrungen. Ich lerne. Der hagere weiß gekleidete Koch ist offenbar homosexuell. Also: Achtung! Aber er ist sympathisch! Also noch mehr: Habachtstellung! Dennoch freunden wir uns in den nächsten paar Tagen an. Man sieht sich, man liebt sich (platonisch; denn meine Angst vor männlicher Sexualität ist groß). Man vergißt einander wieder, denke ich. Da bietet mir Dharma an, mich zu begleiten. Wohin? Nach Deutschland, ins Pfarramt! Ein paar Tage? Nein, die nächste Zeit! Um Gottes Willen! Alte Habachtstellung sofort wieder einnehmen! Der Mann scheint einen langen Atem zu haben. Also freundlich sein, nicht gleich nein sagen, aber dann nichts wie weg!

Drei Tage später steht er vor der Pfarrhaustür. Strahlend, offen, glücklich! Mit nichts als sich selber! Daran hätte ich den Engel schon erkennen können.Sie haben nie mehr dabei als sich selbst. Furcht und Zittern bei mir. Ein zweiter möglicher Hinweis! Gerade einen Rucksack trägt er auf dem Rücken. Aber wie steht es in der heiligen Schrift: »Seine Augen wurden gehalten.«

Dharma bleibt über ein halbes Jahr bei mir. Er lehrt mich, über den Tellerrand meiner bergischen Frömmigkeit hinauszuschauen. Er lehrt mich, daß Verantwortung für die ganze

Schöpfung so etwas wie universelle Religion sein könnte und Religion nur so gut sei, wie sie das nicht vergesse. Er lehrt mich, Christ zu bleiben und ohne Arroganz und Hochmut darauf zu achten, daß Christen nur so heilsam sind, wie sie alle anderen Menschen und religiösen Traditionen achten und nicht aus dem Blick verlieren. Christsein als eine Form von Verantwortung für die ganze Welt. Mein englischer Dharma lehrt mich deutsche Mystik. Einführung in Meister Eckehart und japanische NO-Spiele. Er treibt mich in meiner Angst vor körperlicher, sexueller Nähe auf den Küchenschrank und zerreißt zwei, drei Minuten vor Gottesdienstbeginn meine Predigtmanuskripte, weil sie ohne Herz sind. Dharma sitzt zwischen gebeugten alten Frauen und ein paar Bergleuten im Gottesdienst und betet. Er lehrt mich auf dem Weg nach Engelsdorf (sic!), das zu meiner Pfarre gehört, Steptanz und liest einzelne Reiskörner mit angefeuchtetem Zeigefinger von Tisch und Boden auf, sitzt mit mir glücklich strahlend im Milva-Konzert, erste Reihe. Er teilt mit mir das Wertvollste, das er hat: Zärtlichste Erinnerungen an seine irische Mutter. Dharma hat mich lieb. Doch Ostern, kündigt er an, wird er gehen müssen. Die Sonne geht über Ostende, der belgischen Hafenstadt, auf, als er von der Kanalfähre noch einmal winkt.

Ich hätte ihn beinahe nie wieder gesehen. Jahrelang erzähle ich meiner Frau später von Dharma. Wie er mich durch mein »finsteres Tal« begleitete, mir den Tisch deckte im Angesicht meiner Feinde, immer an meiner Seite, keinen Schritt vor und keinen zurück. Immer genau neben mir. Kein Führer und kein Anhängsel! Immer genau neben mir. Reiskorngenau! Im Kleinsten treu! Ein großer Lehrer!

Dharma, Dharma! Mein Phantom offenbar, denn in England ist er jahrelang nicht zu finden. Wir fahren extra hin. Wir wollen ihn suchen. Ich muß doch beweisen, daß ich nicht spinne und daß es ihn wirklich gibt! Dharma: Mein Engel ohne Flügel! Erst Jahre später stöbern wir ihn auf. Er kommt eingeladen als Patenonkel zur Taufe meiner Tochter Johanna. Er ist wieder ohne großes persönliches Gepäck. Beladen nur mit zwei riesigen Schokoladeneiern für die Kinder. Er kommt, um uns ein letzes Mal zu besuchen. Gesagt hat er es nicht. Er erinnerte sich wohl meiner Ängste in Sachen Homosexualität. Ich sehe nur, daß er krank ist. Aber Aids kam mir nicht in den Sinn. Angst macht mich so blind wie die Liebe.

Jetzt hat Johanna, meine zweite Tochter, einen »Patenonkel im Himmel«. Der ist ihr so wichtig wie der Pipi Langstrumpf die verstorbene Mutter wichtig ist. Die wohnt ja auch dort oben und achtet darauf, daß »uns des tags die Sonne nicht steche, noch der Mond des nachts«.

Ein warmes Thema

Ich habe später als Pfarrer gesehen, wie zwölf- und vierzehnjährige Konfirmanden langsam ihre Liebe für sanftere Bewegungen, für eine anmutigere Sprache und andere Sexualität entdeckten. Sie liebten Jungen statt Mädchen. Ich habe ihr Erschrecken vor der eigenen Entdeckung gesehen. »Inning« kommt immer vor »Outing«! Ich spürte ihr vorsichtiges Probieren, ihre Unsicherheit und ihre anfängliche Ahnungslosigkeit. Ich habe bei ihren Müttern in der Küche gesessen, die mehr ahnten als sie wußten. Es war ihnen zuviel. Ihr heimliches Wissen aber haben sie dann vor den Vätern versucht geheimzuhalten, weil die sonst wieder getobt und geschrien hätten: Mein Sohn und Lippenstift! Alles Väter, die nicht vorbereitet waren und nicht ertragen konnten, daß ausgerechnet ihr Stammhalter anders sein sollte als anderer Väter Söhne. Das waren Väter, die diese Erkenntnis als absoluten Tiefschlag ihres Lebens empfanden und Zeit brauchten, sich davon wieder zu erholen, wenn überhaupt jemals!

Und alles dies dann umgeben von dieser miesen, dummen, spießigen kleinen Moral, die sich im Zweifelsfall noch mit der Bibel aufbläst und dicke macht! Wo sie doch sonst wenig mit der Heiligen Schrift am Hut hat! Bürgerliche Moral, die die Bibel zum Steinigen benutzt! Denn daß Homosexualität böse und Sünde ist, das stehe ja schon in der Bibel. Stimmt, steht in der Bibel! Hat der Paulus so gesehen und gegen die Lustknabengesellschaft der feinen Kreise als Spiegel auch hochhalten wollen. Aber Paulus hat auch geschrieben und so nicht gemeint, daß Frauen in der Gemeinde gefälligst schweigen sollen, und manches andere mehr, was heute, um es vorsichtig zu sagen, überholungsbedürftig ist.

Was steht nicht alles in der Bibel! Daß Gott in sieben Tagen die Erde schuf und daß Haare abschneiden verboten ist und was weiß ich alles. Ob etwas in der Bibel steht oder nicht, ist doch kein Maßstab! Wo kommen diese autoritätsgläubigen Notariatszüge des gemeinen Volkes bloß her? Von Jesus doch nicht! Ich kenne nur einen Maßstab, einen zugegeben etwas naiven, unkomplizierten und dennoch gebrochenen, liebevollen Maßstab für gut und böse, falsch und richtig, gefährlich oder nicht.

Was hätte Jesus gedacht, gesagt und gemacht? Mit Homosexuellen zum Beispiel? Nun, das war für ihn kein Thema. Da hat er kein Wort drüber verloren. Zumindest hat es keiner aufgeschnappt. Wiewohl das sicher ein Thema war unter zwölf Männern. Aber wenn doch, denke ich mir, er hätte die Sache sehr nüchtern beim Namen genannt. Er hätte ungefähr gesagt:

›Viele, viele Männer lieben Männer. Ungefähr jeder zehnte Mann liebt einen Mann. Und das ist ganz unabhängig davon, ob eine Gesellschaft es zuläßt oder nicht. Es ist einfach so. Gott im Himmel weiß, wozu das am Ende gut ist. Jetzt tut es den Männern erst einmal gut. Für uns alle aber bleibt es ein Geheimnis seiner Schöpfung, die ich liebe. Daß von der Liebe zwischen Männern irgendeine Bedrohung ausgeht, kann ich nicht erkennen. Daß Ängste entstehen, sehe ich wohl. Aber in der Welt habt ihr immer Angst, weil sie euch fremd ist. Ihr kommt ja auch nicht von hier. Also laßt euch von mir in diesen Ängsten begleiten, ich habe sie überwunden.‹

So oder so ähnlich hätte Jesus gesprochen, denke ich mir. Und es wird hohe Zeit, daß wir mit einer ebenso klaren einfachen Sprache und eindeutigem Bekenntnis zu unseren unterschiedlichen Empfindungen und Gefühlen die Dämonen vertreiben, die im Halbdunkel der Andeutungen und Munkeleien die Liebe vergiften und Kriegsorden verleihen, wenn Männer Männer töten und denselben Männern sie wieder von der Schulter reißen, wenn diese Männer Männer lieben.

Nach 22 Uhr können Engel fliegen

Ich habe nie einen Engel gesehen. Weder einen weißen mit Flügeln, noch solche ohne himmlische Requisiten, weder mit Licht und Heiligenschein drumrum noch ohne. Aber ich habe Menschen kennengelernt aus Fleisch und Blut, bekannte und unbekannte, die mir wie Engel vorgekommen sind. Sie tauchten auf »wie gerufen«! Und taten, was man von Engeln so erwartet: Helfen und begleiten und die tiefsten Botschaften des Lebens an den Mann und die Frau bringen! Nun, ich hab' nie so einen getroffen, einen richtigen wie aus dem Kinderbuch. Und dennoch will ich nicht spotten oder denken, solche Kinderengel ohne Fleisch und Blut, die würde es nicht geben, nur weil ich sie selbst noch nie gesehen habe. Was ist mein kleines Leben schon für ein Maßstab!

Gelesen habe ich von ihnen in Hülle und Fülle. Hinzu kommt, daß ich mich in schwierigen, dunklen Zeiten, wo sozusagen wie nach 22.00 Uhr das Licht ausgegangen ist und die Kinderängste wieder regieren, geführt und begleitet fühlte. Es ist ein Gefühl, wie gesagt, mehr nicht. Aber auch nicht weniger. Ein Engel trägt mich durch die Nacht. Wenn der Strom ausfällt und es dunkel wird, ist sowieso mehr möglich, als sich alle Schulweisheit erträumen kann. Vielleicht ist die Religion von der Erfindung der Elektrizität mitsamt Bettlampe und Straßenbeleuchtung mehr betroffen, als wir denken? Für den Tag aber gilt, daß es doch merkwürdig bleibt, wie pünktlich die Fleisch-und-Blut-Engel immer waren, eben wie gerufen!

In den jüdischen Geschichten wird erzählt, daß der namenlose Gott vor der Geburt eines kleinen Menschenkindes einen Schutzengel damit beauftragt, die Lebensreise des neuen Menschen in Bruchteilen von Sekunden mit ihm abzufliegen. Und erst dann wird der Mensch geboren und fühlt sich nirgendwo mehr gänzlich fremd. Déjà vu!

Woran man Engel erkennen kann?

Ganz einfach: Daran, daß man vor ihnen bis ins Mark erschrickt! So sehr, daß die Engel anschließend, so weit sie in der Bibel beschrieben werden, erst einmal alle Hände voll zu tun haben, den Schrecken, den sie da ausgelöst haben und der nun den Menschen in den Gliedern steckt, auch wieder rauszukriegen. Doch ohne Schreck gibt es keine Engel! Ohne Schreck gibt es keine lebensverändernde Botschaft! Der Schreck ist sozusagen das eingefrorene »Haltet ein!« Engelsschock- und Erstarrungstherapie gegen falsche Wege!

Es gibt keine Engel, die mit »Kling, Glöckchen, klingelingeling«, schneeflockensanft und geputztem Gefieder leicht in das Leben der Menschen hineinschweben und reden und Botschaften von lebensentscheidender Bedeutung bringen. Immer müssen sie ihre Arbeit anfangen mit: »Fürchte dich nicht! Fürchtet euch nicht!« Fürchtet euch nicht vor mir, einem Engel. Und dann heißt das immer auch: Fürchtet euch nicht vor dem, was ich euch sagen muß!

Vielleicht halten wir Zeit unseres Lebens nach falschen Engeln Ausschau? Nach sanftem, hauchzartem Christbaumschmuck? In dieser Erwartung sind wir die Kinder geblieben, die immer noch nach Schutzengeln suchen, die nicht radikal eingreifen, sondern sachte und behutsam. Wir suchen nicht nach radikal verändernden Botschaften. Wir suchen immer nur gelbe Engel vom ADAC. Denn die kennt man ja! Die sind nett und freundlich, helfen einem immer auf den alten Weg zurück. Und billiger als Kirchensteuer sind sie außerdem! Eben, für billige Engel würde ich auch nicht mehr geben.

Kein Wunder, daß es uns wahrscheinlich nicht anders ergeht als Maria und Josef, wenn uns Botschaften des Himmels erreichen: Erschrecken auf der ganzen Linie!

Selbstverwirklichung

Heirate ich oder heirate ich nicht? »Heirate, und du wirst es bereuen. Heirate nicht, und du bereust es auch!« Sich selbst verwirklichen! Dagegen kann man auf Anhieb gar nichts haben. Es müssen ja nicht alle Leute Kinder in die Welt setzen, die dann gewickelt und genährt werden müssen, wo dann Selbstverwirklichung automatisch immer kleiner geschrieben werden muß, je größer die Kinder werden.

Und es müssen ja auch nicht alle Leute heiraten und jeden Tag und manche Nacht bereit sein, von ihrem Partner ihre ganze Selbstverwirklichung radikal in Frage stellen zu lassen. Aus meiner Sicht ist es sogar ganz gut für uns alle, wenn es unter uns ein paar Menschen gibt, die um keinen Preis der Welt diesen oder jenen Kompromiß eingehen wollen, der ihnen doch nur immer wieder das Rückgrat anknacksen würde.

Aber dennoch! Selbstverwirklichung, das hört sich nach Programm an! Nach persönlicher Planwirtschaft mit Sollerfüllung und Kontrolle! Als wenn unbedingt noch irgend etwas ganz besonderes aus mir werden müßte! Nach Ausschöpfung aller persönlichen Reserven hört sich das an! Nach Aktivität und aktiver Freizeitgestaltung! Von Passivität und Leiden keine Spur!

Und wenn dieses moderne Schlagwort der Singlegeneration auch nur ein, zugegebenermaßen geschickt verpacktes, Ablenkungsmanöver ist, das mich zu allem und jedem treibt, aber nicht dazu, zufrieden zu werden und Frieden zu finden und zur Ruhe zu kommen? Es vergleicht mir zuviel. Und wer sich ständig vergleicht, kommt nicht zu sich selbst. Er kommt nicht zur Ruhe!

Immer und immer alle Hände voll zu tun haben, aber keine Zeit, keinen Frieden, keine Ruhe, die mir klarwerden läßt, daß mir Menschen fehlen? Immer aktiv, aber ohne von mir abhängige Menschen, für die ich da bin, und Menschen, die für mich da sind? Vielleicht bin ich sozusagen extra für sie auf die Erde gekommen?

Puzzle

Ich für meinen Teil denk' nicht daran, alles, was ich so erlebe, einfach als Zufall ungeordnet und unsortiert zu den Akten meines Lebens zu nehmen: Mal hier etwas Komisches, was soll's? Mal dort was Merkwürdiges, was bringt's? Und hier wieder was ganz Unpassendes! So will ich es nicht machen. Ich suche, probiere, kombiniere, ich doktere, tüftele an meinem Leben herum und finde das viel viel spannender, als wie ein untertäniger Bürogehilfe mit Ärmelschonern alles nur zu den Akten nehmen zu dürfen, ohne Sinn und Verstand.

Irgendwie kommt mir das, was mir so passiert, doch wie ein großes Puzzle vor: Aus 365 mal wieviel Lebensjahren kleine Puzzleteilchen-Episoden zu einem großen Bild legen. Und die passen jetzt schon ab und zu zusammen. Manchmal sogar wie die Faust aufs Auge! Da wär' ich doch schön blöd anzunehmen, daß zwar zwei und drei Stücke passen und ein Bild geben, das ganze Puzzle meines Lebens aber nicht. Wenn es einmal oder zweimal verblüffenderweise paßt, dann geh' ich doch wie jeder leidenschaftliche Spieler davon aus, daß am Ende alles paßt. Man muß doch nur warten, bis das Teilchen kommt, das Klarheit in ein ganzes, bis jetzt allerdings ziemlich verworrenes Stück Leben bringt. Und endlich, daß die fehlenden Lösungsteile ausgerechnet in der Bibel stehen sollen, widerspricht erstens aller Lebenserfahrung und zweitens den unbegrenzten Möglichkeiten des Lebens.

Reich bin ich nicht. Und gerade ein Jüngling bin ich auch nicht mehr. Und so bleibt mir, um die biblische Geschichte vom reichen Jünglich zu verstehen, nur meine Erinnerung an den Bahnsteig.

Mit meinen beiden Koffern in der Hand, nicht solchen mit schmutziger Wäsche drin, die man vom Studienort mit nach Hause nimmt, sondern diese kleinen Köfferchen voller Bedeutung und Geheimnisse, die man normalerweise nur mit Codezahlen und Schlüsseln öffnen kann, warte ich auf meinen Zug.

Da sehe ich sie! So, wie ich sie mir immer erträumt habe. Und sie sieht mich offenbar auch. Und ohne überhaupt weiter nachzudenken, gehen wir wie gebannt aufeinander zu. Bleiben voreinander stehen. Schauen uns an. Eine faszinierende Frau – und ich mit den beiden Koffern. Welch ein Mann!?

Erst jetzt, wo ich meine Hände gut gebrauchen könnte, fallen sie mir überhaupt auf, diese Koffer! Soll ich sie abstellen und meinem Herzen und meinen Händen gehorchen? – Aber dann werde ich, über kurz oder lang, wie ich die Situation und mich einschätze, die Augen wohl auch über kurz oder lang einen kleinen Augenblick schließen. Und sind die Koffer nicht gleich beim Abstellen weg, werden sie es über kurz oder lang ganz gewiß sein. Das geht also nicht! Halte ich sie aber weiter in der Hand, dann werde ich heute abend nichts anderes mehr in der Hand halten als die Koffer.

Solche kleinen Augenblicke reichen immer wieder aus, zu spüren, daß ich die wirklichen Möglichkeiten des Lebens noch gar nicht ergreife.

Ein Fleisch oder Kampf auf Leben und Tod?

Sind wir eigentlich weiter, als zur märchenhaften Zeit von Dornröschen, die sich nicht einmal mit der Hilfe aller gegen böse Flüche und guten Segen wehren konnte? Von einem Teil der taufpredigenden weisen Feen-Frauen wurde damals ihr Tod heraufbeschworen, den selbst die letzte weise Frau nicht vollständig wettmachen konnte. Hundert Jahre Schlaf sind wohl ein fairer Kompromiß zwischen Fluch und Segen.

Und meiner Frau und mir predigt zur kirchlichen Trauung mein Freund P. davon, daß wir jetzt »ein Fleisch« würden. Ja, wann denn? frag ich mich unwillkürlich. Gleich? Nach der Predigt? Oder erst nach dem Trauritual! Oder erst am Ende einer langen Ehe? Eine blutleere Predigt, denke ich, nur zu verstehen, weil sich der Prediger nicht zu weit aus dem Fenster seiner tiefen Gefühle uns beiden gegenüber hängen wollte. Er hatte offenbar Angst abzustürzen. Die hat er immer noch. Ich aber auch!

Später am Nachmittag, nach der Trauung hocke ich allein mit einem weiteren predigenden Hochzeitsgast und Lehrer auf dem Sandkastenrand des Pfarrzentrums. Er schaut mich an und sagt, die Predigt von eben sei nur die halbe Wahrheit. Dann predigt er mir voller Tränen und Blut, daß er nach vielen Ehejahren in diesen Tagen mit einer anderen Frau ein Verhältnis angefangen habe.

Was muß und wird jetzt in all den hoffentlich vor uns liegenden Ehejahren passieren? Was wird nun gelten von den beiden Traupredigten? Die von der Kanzel oder die aus dem Sandkasten? Und was ist Fluch, und was ist Segen? Ich bete selten, daß alles gut geht in meiner Ehe. Vielleicht beten andere für mich. Hoffentlich!

Am Tag nach der Trauung kommt ein neuer Freund in unser Leben. Er hat mit Sack und Pack soeben seine Familie verlassen. Er ist Arzt und Analytiker. Beim Abendessen faltet er die Hände und bittet Gott um seinen Segen für den vor ihm liegenden Weg.

Eheliche Pflichten

Die sogenannten ehelichen Pflichten sind eine seltsame Vorstellung. Eine Vergewaltigung in der Ehe ist doch auch eine Vergewaltigung! Da beißt die Maus keinen Faden ab. Ich frage mich nur, woher es denn kommen mag, daß man über Jahrhunderte glauben konnte, innerhalb einer Ehe miteinander zu schlafen, könnte auch verordnet werden. Wieso kommen Generationen von Menschen dazu, von ehelichen Pflichten, also von etwas, was man muß, zu reden, wenn sie Sex meinen?

In meiner Ehe funktioniert überhaupt nichts, wenn es nur und ausschließlich nach Lust und Laune geht. Meine Frau und ich haben nie Lust, das Haus zu putzen, dem anderen immer zuzuhören, dem anderen immer nachzugeben, dem anderen immer Recht zu geben und was weiß ich alles. Keine Spur! Aber wir tun es ab und zu. Und manchmal müssen wir einander Sachen vergeben oder wegstecken, die man mit ein bißchen Phantasie und Einfühlungsvermögen schon als Gewalt, als Druck des einen gegen den anderen bezeichnen könnte. Wir beißen da und dort in unserer Ehe in ziemlich saure Äpfel, wo wir wohl außerhalb unserer Beziehung nur süße akzeptieren würden.

Und jetzt traut sich unser Land, einen so zentralen Punkt wie Sex in der Ehe ausschließlich nach dem Lustprinzip zu diskutieren. Alles andere in der Ehe aber bleibt so wie gehabt: trockenes Brot! Wenn das mal gut geht. Da fehlt doch was?!

Die Frage ist doch nicht nur, ob man die Aufgaben des Lebens in der Ehe mit Lust oder Gewalt bewältigt, sondern inwieweit man dem Ehepartner hilfreich sein kann und will und diszipliniert sogar hilfreich sein muß. Vielleicht sogar um dessen Bedürfnisse weiß. Auch um seine sexuellen Bedürfnisse. Oder ist Sex das einzige freie Spiel unter sonstigen tausend Zwängen? Dann wird er sich genauso wenig halten können wie ein gläubiger Astrologe im Kernforschungszentrum. Es fehlt die Plausibilität, daß alles auf der Welt unter Druck geschieht, nur eines nicht. Und wer sagt denn, daß der Appetit nur beim Essen kommt?

Eine Ehe ohne Vision geht zugrunde

Der Mai und heiratswillige Paare stehen vor der Pfarrhaustür. Hört das denn nie auf? Die Scheidungszahlen wenigstens scheinen keinen direkten Einfluß auf die Heiratslust der jungen Leute zu haben. Scheidungsraten und Todesurteile haben eben, wie hier bewiesen wird, keine abschreckende Wirkung. Eher ist von Bedeutung, daß man nicht mehr gezwungen ist zu heiraten, wenn man einander liebt, miteinander schlafen und nebeneinander wach werden will, Kinder haben will. Heiraten ist von daher nicht mehr lebensnotwendig. Und wahrscheinlich wird sich die Auflösung unserer Ehen dadurch, daß man sie gar nicht erst antritt, fortsetzen. Vater Staat übernimmt die traditionelle Versorgerrolle der Ehegatten.

Aber auch für Paare ohne Trauschein wird über die Jahre gelten, was Saint-Exupéry so auf den Punkt brachte: »Liebe besteht nicht darin, daß man einander ansieht, sondern daß man in die gleiche Richtung sieht.« Und um von König Salomo noch ein altes Wort drauf zu setzen: Es reicht nicht einmal, daß ein Paar in die gleiche Richtung schaut. Sie müssen sich auch auf ein Ziel einigen, daran arbeiten, sich ihm nähern. Eine Beziehung ohne diese gemeinsame Vision geht in die Brüche.

Wenn die Institution Ehe und Familie überhaupt noch zu retten ist, dann wird es Zeit, daß wir ehewillige Leute darauf abklopfen, wo ihre gemeinsamen Ziele jenseits sozialer Versorgung sind. Immer wieder neu! Das wär' doch ein Freundschaftsdienst! Oder gibt es solche Ziele nicht?

Bis daß der Tod euch scheidet

Alles deutet darauf hin: die Witzchen, die wir darüber machen, die Zahlen, die wir in die Hand bekommen, die tägliche Erfahrung, die wir machen. Wir müssen unsere Ehen, die wir führen oder führen wollen, neu durchdenken und mit neuen, weniger überfrachteten Erwartungen auf den Weg schicken.

Warum lassen sich in unserem Land denn 30 Prozent der Leute wieder scheiden? Was ja noch lange nicht heißt, daß in den restlichen 70 Prozent der Haussegen gerade hängt? Umgekehrt höchstens! In mehr als dreiviertel unserer Ehen klappt es nicht, weder die Sexualität noch das Miteinanderreden. Also, was ist los? Was sagt das alte Wissen der Religionen über Heiraten? Heiraten aus Liebe ist noch so jung!

Vielleicht ist es ein großer und weit verbreiteter Irrtum aller jungen Leute, daß sie glauben, den Menschen zu heiraten, den sie aus heißem Herzen lieben und begehren. Vielleicht steckt hinter der Trauformel der Kirche, daß nicht die Hochzeiter sich den Partner ausgesucht haben, sondern Gott der Herr oder das Leben selbst Menschen für Menschen bestimmt? Das ist eine langsam wieder heraufdämmernde uralte Erkenntnis. Es ist die alte Erfahrung, daß wir von unserem Unterbewußtsein oder wem oder was auch immer, füreinander ausgesucht worden sind, um unsere jeweiligen charakterlichen Schwächen nicht aus den Augen zu verlieren. Böse formuliert: Früher oder später werden wir aufeinander losgelassen, daß es kracht und ehekracht! Sind das die »bösen Tage, bis daß der Tod euch scheidet«? Liebevoller formuliert: Wer jetzt, wo es kracht, an sich arbeitet, an sich und seinem Partner, vor allem aber an sich auch arbeiten läßt, bleibt nicht allein. Mehr kann keiner versprechen!

Madensack

Wie oft habe ich die Hände gefaltet, um Gott im Himmel zu bitten, daß er kommt und Menschen heilt! Jeden Sonntag im Gottesdienst und wieviel mal im Krankenhaus und immer wieder die anderen sechs Tage auch, Jahr um Jahr!?

Ich brauchte wohl alle meine vierzig Jahre, bis ich merkte, daß ich für meine eigene Gesundheit nie gearbeitet und gebetet habe. »Hunderten hat er geholfen und konnte für sich selbst die Hände nicht falten!« Ja, wahrscheinlich habe ich sogar für andere nur deshalb laut um Hilfe gerufen, um meine eigene Hilflosigkeit nicht mitzubekommen.

Zu tief sitzt Luthers verächtliche »Madensack«-Auffassung vom eigenen Körper in seinen Gemeinden drin. Und da ich lutherisch erzogen bin, wohnt sie auch in mir: die »Verachtung des Leibes!« »Sport ist Mord!« wie schon mein Großvater wußte. Der Körper, den man treten kann und darf wie ein Tier, er ist ausschließlich reines Beförderungsmittel höherer Gedanken und Ziele. Mehr nicht! In heiliger sonntäglicher Tradition den eigenen Körper als »Madensack«

beschimpfen – und gleich darauf von der Kanzel runter ungebrochen den heiligen Paulus zitieren, der den Leib als einen heiligen Tempel des Geistes preist. Natürlich immer den Leib der anderen Menschen! Schließlich sind wir Prediger und predigen immer den anderen! Dabei liegt es doch auf der Hand, daß man nur so heilig mit dem Leben und den Körpern der anderen umgeht, wie man es auch mit dem eigenen tut.

Mittlerweile zeigt sich, daß solch nachlässiger Umgang mit dem eigenen Körper Folgen nach sich zieht, die einen nachdenklich werden lassen: Mit Madensäcken, mit Säcken allgemein, redet man ja nicht. Und so kann man sich bei uns gar nicht vorstellen, daß die Madensäcke dennoch ungefragt antworten. Woher nimmt der Leib das Recht und vor allen Dingen die Kompetenz, mit dem Geist in Verhandlungen einzutreten? Körper sind wie ungezogene Kinder, reden einfach dazwischen, stören Geschäftsabläufe, pupsen und lassen sich nicht zum Schweigen bringen. Körper leben offenbar nach Kleinkinderart. Sie plaudern alles aus und sind noch ganz ehrlich! Und ihre Kompetenz dafür nehmen sie sich als letztes Sprachrohr der Seele. Die stille Seele kann man überhören, übertönen und übergehen, den Körper nicht. Er ist der letzte, den die Hunde der falschen Lebensziele beißen. Er kann nicht weiter nach unten treten. Er schreit, juckt, beißt, schwillt und schwelt, zerreißt, jault auf und gibt Signal.

Unsere Körper sind die zuverlässigsten Botschafter des Himmels auf der Erde. Unbestechlich und nicht verführbar! Sie sind die sichtbaren Engel Gottes. Von uns dafür getreten und gedemütigt, rächen sie sich dennoch nicht an uns, sondern sagen uns nüchtern oft schreckliche Wahrheit. Sie sagen uns, ob wir in einer Krise sind oder auf gutem Wege. Und wir gehen darum oft mit Furcht und Zittern zum Arzt; denn wir fürchten nicht den Arzt, sondern daß er uns die Wahrheit des Körpers zumutet.

Und diese unsere Halbgötter in Weiß streiten dann doch tatsächlich darüber, ob sie nun die Aufgabe haben, die Wahrheit des Körpers und der Seele, diese einzig wahren Botschafter des Himmels, den ihnen anvertrauten Menschen vorenthalten zu dürfen oder zu sollen?! Wenn da nicht die Angst um den nächsten Krankenschein dahinter steckt! Auch so ein Ergebnis der modernen Arbeitsteilung zwischen den Heilern der Seele und den Heilern des Körpers!

Kinder sind ein Segen

Still, weil's Kindlein wachsen will!

Meine Frau und ich, wir haben Gott sei Dank, zwei gesunde Kinder. Eigentlich aber haben wir vier, alles in allem. Doch zwei Kinder haben wir vor unseren lebenden Kindern in den ersten Schwangerschaftswochen jeweils verloren. Und als sich dann wieder ein Kind ankündigte, gingen wir, ängstlich wie wir geworden waren, zum Arzt. Er sollte untersuchen, ob es wohl gesund sein würde. Und wenn nicht? Hätten wir es abtreiben lassen? Ich weiß es nicht! Einmal: Ja! Dann wieder: Nein! Ja, nein! Das liegt alles so nah beieinander. Und wer findet in so wenigen Wochen oder auch nur Tagen durch seine Ängste hindurch! Moral hin, Gesetz her!

Bis heute weiß ich nicht, was richtig ist. Abtreibung, aus welchen persönlichen Gründen auch immer, oder nicht? Vieles spricht dagegen! Viel spricht auch dafür!

Das werden wir alle in den kommenden Jahren immer wieder neu diskutieren müssen. Ganz gleich wie die Gesetze lauten. Nur eines darf uns bei diesem Thema nicht unterlaufen: Schreierei! Gegenseitige Anklagen! Laut werden! Tumulte! Umzüge, Demonstrationen! Spruchbänder! Mehrheiten gegen Minderheiten! Das ist einfach unmöglich! Das ist alles unterm Strich! Denn ob ein Kind zur Welt kommen darf oder nicht und ob ich mich fürchte vor dem Kind oder nicht: Diese leisesten, innigsten Fragen, die ich kenne, vertragen keinen lauten Streit.

Was wird das neue Kind aus meinem Leben machen? Soll ich mich freuen oder muß ich mich ängstigen? Muß ich das Kind bekämpfen oder kann ich es annehmen? Wer soll das beantworten? Kein Papst und kein Präsident! Am Ende übertönen sie von ihren Kanzeln und Podesten nur noch die schwache Stimme des Kindes, das sich da vorsichtig ankündigt und an unser Leben klopft und um Einlaß bittet. Also hilft nur ruhig werden, abschalten und in sich hineinhorchen. Ein, zwei Wochen unbezahlten Sonderurlaub für das Leben, der sich bezahlt macht!

Stille, still, still,
mal hören, was die Seele will!

Unsere Kinder bekommen wir geschickt, weil es die Wesen sind, die uns in unserem harten Leben am meisten das Lieben lehren können. Ganz gleich, wie sie sind. Aber auch davor, das weiß ich, kann man sich fürchten.

§ 218

In Sachen § 218 sagt meine bald 80 Jahre alte Mutter, die sechs Kinder auf die Welt brachte, die für mich entscheidenden Sätze. »Die in Bonn sollen uns doch in Ruhe lassen und endlich ihre eigene Arbeit tun. Da gibt's doch genug von. Wir Mütter wissen schon am besten, wieviel Kinder wir satt kriegen.« Sagt's und findet so viel Bonner Fürsorge für ein siebtes Kind verdächtig, wo sie mit den sechsten doch von Staats wegen ziemlich allein da stand.

Und auch mit der jetzt beschlossenen Beratungspflicht ist

sie nicht einverstanden. »Jetzt werden wir von der Kirche mit unseren Beratungsstellen von den Bonnern mißbraucht, den Frauen in ihrer Krise auch noch ein schlechtes Gewissen zu machen! Fürs schlechte Gewissen sind wir ja sowieso zuständig. Kein Wunder, daß die auf uns kommen!« Sagt's und verblüfft mich mit ihrer Sensibilität. Recht hat sie! Bislang wollten wir Kirchenleute in den Fußstapfen Christi uns gegenseitig und denen, denen wir begegnen, doch nur ein Angebot machen: Komm, du kannst mit uns reden. Und wenn du willst, helfen wir dir. Wir brauchen dich ja schließlich auch! Zusammen sind wir nicht nur stärker, sondern auch heiler! Freiwilligkeit und Freiheit war unser Grundstein. Und er soll es auch bleiben. Und wenn nun schon die neuen Gesetze zu § 218 beschlossen sind, wie sie nun einmal mit Beratungspflicht verabschiedet worden sind, dann liegt bei den Kirchen die Betonung auf Beratung. Und nicht auf Pflicht! Versprochen!

Unser Kind wird geboren

Meine Mutter ist nach Berlin gekommen. Sie will dabei sein, wenn unser erstes Kind auf die Welt kommt. Da hat unser Ungeborenes nur drauf gewartet! Die kleine Maus gerät so unter zusätzlichen Erwartungsdruck und bleibt in ihrem Bau. Sie läßt die alte Katze warten und warten und warten, bis die resigniert endlich abreist. Unser Kind scheint einen dicken Kopf zu haben! Es wird doch wohl kein Dickkopf werden? Kaum ist die Luft rein, kommt Miriam auf die Welt! Nicht als Zwilling, wie wir uns das ausgerechnet hatten, sondern als Krebs! Ist Mutter dran schuld? Ich kann doch so schlecht mit Krebsen!

Eine schwere Geburt! Miriam hat einen überaus großen

Kopf und die Nabelschnur um den Hals! Früher wäre sie sicherlich eine Risikogeburt gewesen. Heute kommt man mit der Apparatemedizin gar nicht mehr an die dramatische Erfahrung heran, die es wohl früher immer war: ein Omen! Eine so gefährliche Konstellation bei der Geburt wirft ein Zeichen auf das ganze Leben, das in diesem Augenblick anfängt! Omin magnum! Das Kind wird also oft zwischen Tod und Leben hängen, und die Geister werden es dennoch schützen. Es wird zwischen Tod und Leben erfahrener sein als andere Menschen. Es wird ihnen daher ein Weggefährte sein können, der sie im Gleichgewicht hält und sie nicht stürzen läßt. »Nabelschnur um den Hals«, das war auch immer ein Zeichen, daß ein Schamane, eine Schamanin zur Welt kam, eine Medizinfrau! Natürlich zu alten Zeiten, wo man nur durch die eigenen Erfahrungen des Lebens ein Priester, Prophet und Heiler wurde und nicht durch ein trockenes Theologiestudium Kirchenbeamter auf Lebenszeit. Zu Zeiten, wo die Götter und Geister sich noch unter den Menschen umsahen, wer denn zwischen den Welten vermitteln und Botendienste tun durfte, war kein Tag und kein Zeichen bedeutungslos.

Soll ich mich und damit mein Kind von diesem alten Wissen lösen?

Als Miriam drei Jahre alt ist, geht sie im kniehohen Wasser eines Hotel-Swimmingpool unter. Wir Eltern halten Mittagsschlaf. Der Schwimmreifen, mit dem sie kopfüber ins Becken hüpfte, hält ihren Kopf erbarmungslos unter Wasser. Sie hat keine Chance. Niemand bemerkt das schwächer und schwächer werdene Zappeln und Strampeln des Kindes. Erst als sie sich nicht mehr bewegt, läßt die plötzliche Stille ein Unheil ahnen. Und erst jetzt springen Hotelgäste in den Pool, um Miriam aus dem Wasser zu ziehen. An den Füßen hochgehalten, läuft das Wasser aus ihrem Körper. Ohrfeigen auf beide Wangen holen sie langsam auf die Erde zurück. Schläge wie bei der Geburt! Sie braucht zwei Jahre, um über diese Erfahrung reden zu können.

Als sie fünf ist, wird die hochfiebernd mit akuter Lungenentzündung ins Krankenhaus gebracht. Vorher will sie in einem merkwürdigen Moment von Klarheit unbedingt noch das Video sehen, auf dem wir ihre wenigen Geburtstage dokumentiert haben. Wo bist du, Miriam?

EKG 406

Jetzt trage ich in einem kleinen Bündel mein neugeborenes Kind durch den Stadtpark spazieren. Es begleitet mich viele Stunden des Tages. Ich fange an, ihm vorzusingen. Die tiefen Töne beruhigen es. Ich suche nach Liedern. »Der Mond ist aufgegangen« von Matthias Claudius! Abends singen meine Frau und ich unserem Kind vor. Die Texte, die ich im Angesicht der Kleinen singe, schnüren mir oft die Kehle zu. Ich bin zu bewegt und kann es nicht frei fließen lassen. Legen die Tränen mein Unglück frei, daß ich eines nahen oder fernen Tages wieder Abschied von ihm nehmen muß, oder sind sie das Glück, das nur fließen will? Das war das erste, was ich dachte oder fühlte, als ich sie im Kreißsaal in den Arm nahm. Und ich denke es immer wieder. Mein Kind schließt mir ganze Kontinente meiner Seele auf. Es führt mich zurück in ganz frühe Tage meines eigenen Lebens. Ob ich auch so war? Und dann entdecke ich mir längst bekannte Kirchenliedertexte in ihrer kindlich naiven Tiefe ganz neu. Sie werden für mich wahr.

»Zu Betlehem geboren ist uns ein Kindelein, das hab ich auserkoren, sein eigen will ich sein.« Ob Betlehem oder Berlin-Zehlendorf, dem Herzen ist das eins.

»O Kindelein, von Herzen will ich dich lieben sehr in Freuden und in Schmerzen, je länger und je mehr.

Laß mich von dir nicht scheiden, knüpf zu, knüpf zu das Band der Liebe zwischen beiden; nimm hin mein Herz zum Pfand.«

Lied 406, Evangelisches Kirchengesangbuch (EKG), zu singen auf die Melodie: »Die Blümelein, sie schlafen«.

Bei den Kinderliedern und ihren Melodien ist das alte Wissen noch da, daß man nicht alles zu jeder Zeit tun und machen kann. Tagesanbruch, wenn der Tag heraufzieht, ist ein günstige Zeit, sich für Gott und sein Leben zu öffnen. »Die Nacht ist vorgedrungen, der Tag ist nicht mehr fern, so sei nun Lob gesungen, dem hellen Morgenstern! Auch wer zur Nacht geweinet, der stimme froh mit ein. Der Morgenstern bescheinet auch deine Angst und Pein.« Jetzt, wo die Nacht aufgebrochen und der Tag angebrochen wird, da ist es eine günstige Zeit auch für Menschen, sich zu öffnen. Und abends wieder ist der Tag in der Krise und versteht die Menschen, die vor dem Hintergrund seiner ganz ähnlichen Situation Abschied nehmen lernen.

Es Vater und Mutter recht machen

Miriam will es im Alter von fünf Monaten schon den Eltern recht machen.

Für den ersten Advent ist die Taufe angesetzt, und ich weiß, ich werde wieder naß. Das kommt ja auch nicht von ungefähr. Wer Menschen zu unterschiedlichsten Zeiten dabei behilflich sein will, ein neues Leben anzufangen oder wiedergeboren zu werden, wird naß. Er wird wie der Täufer neben dem Täufling in den Jordan steigen müssen, um ihm nahe zu sein. Und sei der Jordan wie in unseren Kirchen ein noch so kleines Rinnsal. Naß werden sie immer beide. Wer nicht naß gemacht werden will, sollte nicht taufen. Johannes verlor sogar den Kopf. Taufen und getauft werden ist eben wie geboren werden. Schließlich ist nicht nur meine Frau beim Gebären naß gemacht worden, als Miriam kam, sondern auch die Hebamme. Und wenn Miriam sich in ihrer Angst vor dem neuen furchterweckenden Leben einnäßt, da bekommen wir eben nasse Hände beim Windelnwechseln. Miriam näßt sich ein wie viele Kinder, die die große Taufe in der fremden Kirche mit der gewaltigen Orgel auf die ihr gewohnte Weise mitvollziehen. Bis unter die Arme!

Und sie bekommt im Taufgottesdienst ihren ersten Zahn, auf den meine Frau so lange schon gewartet hat, solange wie ich auf einen guten Tauftermin. Bis der durch war, hat ihn Miriam mit ihrer Spucke getauft und getauft und getauft.

Sieben Jahre

»Gebt uns die Kinder bis zum siebten Lebensjahr, und dann könnt ihr sie wiederhaben!« sollen Jesuiten gesagt haben. Sie waren der Ansicht, daß sich der Charakter und das Wesen eines Menschen in den ersten sieben Jahren des Lebens formen. Was später kommt, ist nichts grundsätzlich Neues und Anderes. Eher könnte es mit der Matroschka, mit der russischen Puppe in der Puppe, verglichen werden: Die kleinste gibt den Ton und den Typ an. Die anderen darüber sind mehr oder minder Abformungen der Kleinen. Mit sieben Jahren ist immer ein wesentlicher Lebensabschnitt vorbei, und es kommt etwas völlig Neues.

Der Körper kennt das ja auch. Neue Zähne markieren den ersten Einschnitt, die erste Lebenskrise. Und sieben Jahre weiter wachsen mit vierzehn Jahren die »primären Geschlechtsmerkmale«. Und diesmal ist die Krise ungleich größer, weil gleich zwei Kinderkapitel abgeschlossen sind und ein zweiter Lebensstil mit vielen sieben Jahren beginnt: Pubertät! Und mit einundzwanzig Jahren war bis vor kurzem noch der Eintritt ins Erwachsenenland, dann Familie finden und gründen, Karriere bis fünfunddreißig – wer's bis dahin nicht gepackt hat, packt's nie. Und dann, das sagen die großen Weisheiten der Menschheit alle übereinstimmend, ist das äußerliche Leben mehr oder minder abgeschlossen. Midlife-crisis ist angesagt. Ein neues Wort für eine alte Weisheit! Die große Krise! Die Lebenskrise ist da, ob du willst oder nicht! »Unser Leben währet siebzig Jahre«, und die Hälfte ist jetzt um. Das Steuer des Lebens wirft sich selbst herum und schickt die Menschen in die große Krise.

Erst jetzt, haben die alten Kirchenväter voriger Jahrhunderte schon gesagt, wird Religion für alle wieder interessant: Große äußere Ziele, für die es sich lohnt zu leben, sind nicht mehr drin. Hinten kommt man nicht mehr so recht hoch. Da sind die Jüngeren mit jedem Tag besser. Aber wie ist das mit inneren Zielen? Und welche gibt es? Die »Entdeckung der Langsamkeit« etwa?

Verlorene Söhne und Töchter

Kinder zwischen zwölf und vierzehn Jahren in Religion unterrichten zu wollen, ist eine Idee des Mittelalters. Und so kommt sie einem auch heute vor: Überholt in allen Teilen!

Sie wurde vor dem Hintergrund organisiert, daß es die letzte Gelegenheit ist, den Kindern »eiserne Rationen« zu verabreichen. Morgen gehen sie aus dem Haus, treten bei fremden Meistern die Lehre an oder gehen als Knecht und Magd in Lohn und Brot.

Aber ausgerechnet in einer Zeit, wo alle Kräfte der Natur, Geschlecht, Brüste, Schamhaare von innen nach außen wachsen lassen, da kommt die Kirche daher und versucht, gegen alle guten natürlichen Erfahrungen die eiserne Ration von außen nach innen in die Köpfe und Herzen der Kinder zu pauken! Begleiten wäre angebracht. Mehr nicht! Aber das reicht offenbar den Alten nicht. Wenig wäre hier viel!

Da stimmen die Kinder mit vierzehn Jahren nach der Konfirmation mit den Füßen ab und sagen: Nein danke, das war's!

Ein großes Unglück ist das nicht. Schließlich haben die Kinder ein Alter erreicht, in dem sie mehr denn je eigene Wege ausprobieren und gehen müssen. Das sind nun mal nicht Mutter und Vaters Wege. Und es sind auch nicht die eingefahrenen Traditionswege der Kirche. Sie gehen auf Distanz zu den Eltern und werden von ihnen doch geliebt. Also, warum werden sie nicht auch von ihren Gemeinden lieb behalten und mit besten Wünschen verabschiedet? Sie treten, ob sie wollen oder nicht, doch nur die Reise des verlorenen Sohnes und der verlorenen Tochter an, die zwischen Lachen und Weinen, Rausch und Schweinen den eigenen Weg nach Hause finden müssen. Also laßt sie ziehen und weint ihnen nicht nach. Und gebt ihnen an Erbe mit, soviel ihr nur könnt. Der Tag oder die Nacht wird kommen, wo ihre neuen Erfahrungen in die alten Formen passen: Das Leben sorgt für uns! Aber wir haben es nicht geglaubt. Wir haben den unsichtbaren Kräften nichts zugetraut!

Laßt die Kinder ziehen! Wie sagte Herbert Wehner aus Bonn: Wer auszieht, muß auch wieder einziehen! Und bei den Kindern wächst Dankbarkeit, die nicht verordnet wurde.

»*Man muß für alles dankbar sein*«

Ob es nun wirklich jemand zu mir gesagt hat oder ob es zu meinem Freund gesagt worden ist, der drei Töchter hat, weiß ich nicht mehr genau. »Man muß Gott für alles dankbar sein!«, auch wenn nur Töchter kommen. Im Spätsommer kam unsere zweite. Wie sollen wir sie nennen? Johanna Rosa! Und so schrieben wir unseren Freunden auch, warum wir sie so nennen wollen:

»Johanna, das hat für uns etwas Aufrechtes, Klares. Aber das kleine Jo nimmt auch etwas weg von der Strenge und der prophetischen Kämpferin des Alten Testaments. So könnte sie in der Kinderzeit ruhig Hanni heißen und Nanni lieben, wenn sie will. Und in ihrer Jugend heißt sie vielleicht Jo. Kurz und schnell wie abgeschnittene Haare! Das einzige, was gegen den Namen Johanna spricht: Es klingt so nach Pfarrerstochter!

Darum auch ROSA! Die Farbe, die Blume, die Luxemburgerin! Das setzte den Namen auf die Liste der letzten zehn möglichen Namen. Was dann den Namen Rosa zu unserer ROSA machte, das waren die Zeichen des Himmels(?) oder unsere Offenheit für die Zufälle: Rosa entzifferte Jürgen auf einem der letzten drei Steine des Aldenhovener Judenfriedhofs zwei Tage vor ihrer Geburt. Und als sie blau verfärbt zur Welt kam, die Nabelschnur um den kleinen Hals, da half der Arzt ihr beim Atmen und rief sie beim Namen: Da, jetzt ist sie ganz ROSA!«

Wieder ein Kind mit der Nabelschnur um den Hals!

Taufen ist gut gegen Eltern

»Warum lassen Sie denn Ihr Kind taufen?« Das ist immer meine Eröffnung des Taufgesprächs mit einem jungen Elternpaar. Und wer genau zuhört, hört immer wieder die gleichen Töne: »Wir wollen unser Kind taufen lassen, weil alle anderen auch getauft sind. Es soll nicht negativ auffallen. Es soll so sein wie die anderen Kinder auch. In der Schule später wird es nur gehänselt, wenn es nicht getauft ist.«

Da spricht offenbar unbewußt ein altes Wissen vom Schutz der Anpassung aus den Taufeltern. Einerseits haben sie das schönste Kind auf der ganzen Welt, wollen es aber andererseits versteckt sehen zwischen all den anderen. Wer auffällt, behält nicht lange den Kopf auf seinen Schultern! Kindertaufe als Protektion der Kleinen! Taufe als geistliche Schutzimpfung, die solange Wirkung hat, wie alle anderen es auch tun.

Ich setze eins, meins, drauf. Denn ich empfinde das Ritual, unsere Kinder taufen zu lassen, eher als Schutzimpfung gegen die am meisten verbreitete bürgerliche Elternkrankheit: Überbehütung unserer Kinder! Overprotection! Massenepidemisch breitet sie sich da aus, wo dem Leben, Gott und der Natur nicht mehr zugetraut wird, für die Menschen, die er zur Welt kommen läßt, auch zu sorgen. Massenepidemisch wächst der Gotteskomplex der Eltern. 24 Stunden Dienst für Eltern einschließlich sechsmal bei den Kindern eigenhändig Zähneputzen à drei Minuten vor und nach dem Essen! Dienstfrei für Gott!

Während all der Jahre, in denen ich diesem Leichtsinn das Wort rede, brennt eines nachts unter dem Kinderbett von Johanna ein uns vom Gemeindekindergarten geschenktes Holzstövchen. Auf ihm verdampfen ätherische Öle, denn Johanna ist verschnupft. In dieser Nacht verschmurgelt das

Teelicht zuerst das Stövchen unterm Kinderbett, dann den Teppich unter dem Kinderbett, dann den Holzfußboden unterm Kinderbett, dann wohl die Seite des Kleiderschranks am Kopfende des Kinderbetts. Und wir Eltern schlafen wieder. Wir kommen am nächsten Morgen ins Kinderzimmer und sehen ein unbeschädigtes Kinderbett mit unserer Tochter drin wie eine Insel der Seligen in einem verkohlten Stück Kinderzimmer.

Daß sie mit zehn Monaten ausgerechnet während eines Sondergottesdienstes zum Thema »Behinderte Kinder« drei Meter tief abstürzt, geht auch nur statistisch in Ordnung.

Unser Kind hat Neurodermitis

Da liegt sie mit ihren drei Jahren weinend und kratzend im Bett, eingesalbt und eingewickelt in Leinentücher wie eine Mumie, und reißt an den Enden der Bandage, um sich davon zu befreien. Johanna! Meine Johanna! Ihre wunde und blutige Haut will sie erneut aufkratzen. Jetzt, sofort! Sie kann nicht einschlafen. Wie ein Tier brüllt sie in der Nacht zwischen zwölf und zwei Uhr in der Frühe. Und meine Frau und ich sind längst am Ende unserer Kräfte angelangt. Wir wundern uns höchstens, daß wir es trotzdem noch schaffen, immer wieder aufzustehen und das laut schreiende Kind durch die Wohnung zu tragen. Wir sind froh, in einem freistehenden Einfamilienhaus zu wohnen und Nachbarn nicht beruhigen zu müssen, weil in der Nacht unser Kind schreit wie am Spieß. Wir haben Angst, die Polizei könnte gerufen werden.

Bei diesen verzweifelten nächtlichen Gängen mit uns kam Johannas Wut zum erstenmal aus ihr heraus. Diese Wut, diese ungebremste, unkontrollierte Wut auf den Gott der Gutenachtgebete, auf den Gott im Himmel, der sie, die Zweitgeborene, mit so einer Haut auf die Welt geschickt hatte, während die Erstgeborene eine makellose, leicht olivfarbene gesunde Haut hatte. »Der Scheißgott! Warum hat er mir nur so eine schreckliche Haut gegeben und Miriam, meiner Schwester, so eine schöne?« Verflucht hat sie ihn mit ihren Worten. Und steigerte sich richtig hinein. Und ich habe sie gelassen. Ich habe nicht eingegriffen, habe nicht gesagt, das gehört sich nicht, das darfst du nicht! Ich war im Gegenteil dankbar dafür, daß sie endlich einen Kratzbaum gefunden hatte, an dem sie ihre Wut und Enttäuschung loswerden konnte. Jetzt wurden wenigstens meiner Frau und mir von ihr keine Vorwürfe mehr gemacht. Die Haut kam nicht von mir, was Ärzte zweifellos doch so sehen und gesehen haben. Sie kam für Johanna durch alle Generationen hindurch von Gott! Der war der Adressat, mit dem sie sich auseinandersetzen wollte. Wir hatten für uns alle eine Adresse gefunden, die an unserer Statt die Wut unseres Kindes ertrug. Wir bekamen wieder eine Lektion in Sachen Sündenbockreligion und Stellvertretung.

Wir beten alle zusammen weiter unsere Gutenachtgebete. Ihre Hautkrankheit bekommt jetzt darin einen eigenen Abschnitt. Ihre Warum-Fragen beantworte ich damit, daß wir alle, die ganze Familie, in einer giftigen Atmosphäre mit oft giftigen Lebensmittel leben müssen. Und daß sie, Johanna, für uns alle ganz wichtig ist, weil sie es am ehesten merkt und spürt. Sie soll uns allen den Weg weisen. Heraus aus dem giftigen Zuckerbäckerland, aber auch heraus aus mancher vergifteten Kommunikation zwischen Vater und Mutter. Leichtsinnig oder mutig oder angesteckt von irgendwoher sag' ich ihr eines Abends: »Johanna, Ostern haben wir es geschafft! Da wird deine Haut heil sein.« Und siehe, es geschah also!

Neurodermitis! Das Kind hatte bei seiner Geburt in den Armbeugen schon Hautschädigungen mitgebracht! Neurodermitis, ahnte meine Frau. Doch gesagt hat sie nichts. Eine Krankheit, die man mit ein bißchen Gefühl, Frömmigkeit und Mut noch in den Dienst nehmen darf, der ganzen Familie einen Weg aus dem Gift zu weisen. Eine Krankheit, die meine Frau und mich so eben noch um die ganz große Frage herumkommen läßt.

Und wenn sie schwerer krank wäre? Vor Jahren habe ich ein kleines Mädchen im Alter von drei Jahren begraben müssen, das an Leukämie starb. Was dann, wenn man die Krankheit nicht mehr in den Griff und deutenden Begriff bekommt und Krankheit als Strafe erfahren wird!? Krankheit kann doch keine Strafe sein! Was hat ein kleines Mädchen mit drei Jahren verbrochen? Nichts! Wiewohl das alte Wissen der Testamente nie das Schicksal eines Menschen allein sieht, auch nicht das eines erst drei Jahre alten Mädchens, sondern immer auch mit seinem Umfeld, mit Vater, Mutter, Geschwistern, durch Generationen hindurch. Muß ein kleines Mädchen die Zeche der Eltern und Großeltern bezahlen? Das darf doch nicht sein!? Als wenn der Gott des Himmels und der Erde überhaupt strafen könnte und würde! Das spukt in Bibeln und unseren Köpfen und Herzen herum und ist nicht totzukriegen. Gott, der strafende Übervater aller strafenden Väter! Was muß man für einen eigenen Vater gehabt haben, um auf solche Wahnvorstellungen zu kommen? Die Vorstellung vom strafenden Gott wirft doch eher ein Bild auf unsere Väter, die wir hier auf der Erde kennenlernen und kennenlernen müssen. Väter, wie mein Vater, die vom eigenen Leben geschlagen ihre Kinder weiterschlugen. Als wenn das ein unabwendbares, physikalisches Naturgesetz wäre.

Der Vater im Himmel ist doch nicht neurotisch! Der haut doch nicht auf die Kinder, um die Eltern zu treffen! Ein strafender Gott! Daß ich nicht lache oder schreie! Als ob der Gott mit dem Leben genausowenig fertig würde wie unsere Väter und in seiner erzieherischen Not zum Knüppel greift und auf die Brut draufschlägt, daß die Kinder nur so sterben. Wo kommt nur dieses fruchtbare Bild her? Ich muß suchen.

Wo es verstärkt worden ist, weiß ich. Denn diejenigen, die Macht über mich hatten und die ich deshalb auch als halbe Götter erfuhr, Lehrer zum Beispiel, wie sie uns Kinder vor aller Welt in die Ecke des Klassenzimmers verbannten, weil Strafe ja sein mußte, haben das Bild vom strafenden Gott zumindest wachsen lassen. Meine Lehrer, mit ihren Latein am Ende, starteten ihre schwarze Pädagogik! Strafe müsse sein, sagten sie, damit wir Kinder uns ändern. So sind Lehrer, deren Beruf es ist, die Welt durch die Menschen zu verändern: Ungeduldig und zornig über den zu langsamen Erfolg und zerdrücken und zerstören sie die äußere Schale der ihnen anvertrauten Wesen, um den freigelegten Kern darin schneller wachsen zu lassen. Lehrer sind ungeduldig und unterschätzen die zugegeben langsamen Wachstumskräfte einer gedeihlichen Atmosphäre. Nur die laßt wirklich wachsen. Lehrer sind Halbgötter, aber so ist doch nicht der ganze Gott! Oder der heilige Nikolaus, dem in unseren Breiten neben der schenkenden Hand noch eine Rute in die freie gedrückt worden ist! Ein Heiliger, der straft!

Als wenn Gott überhaupt strafen könnte! Als wenn Krankheit eine Strafe sein könnte! Man liegt doch nicht krank im Bett, um zu sühnen! Wofür sollte man fünfzehn Jahre Multiple-Sklerose-Bettlager verdient haben?

Man liegt doch krank im Bett, um gesund zu werden, und nicht, weil man gestern wieder ohne Mantel unterwegs war und auf Mutti nicht hören wollte. Man hat doch Fieber, weil das Leben in jeder Faser des Körpers die Krankheit niedermachen will! So wird doch ein Schuh daraus! Krankheit ist doch gesund!

Das Leben straft nicht! Und der lebendige Gott straft nicht! Gekränkte Menschenseelen machen sich einen kranken Reim, wenn sie vom strafenden Gott reden. Vielleicht, weil sie hoffen, er würde sie, weil er falsch verdächtigt wurde, endlich wahrnehmen und heilen. Ein Psychospiel also, wo Kinder die Türe ihres Lebens von innen mit aller Kraft zuhalten und die Eltern mit falschen Verdächtigungen traktieren, immer in der Hoffnung, die würden sie nun mit Gewalt aus ihrer Ecke herausholen und lieben.

Oder Jesus, der neben all den Gaben, die er hatte, wohl auch ein großer Lehrer des Lebens war und ist. Jesus bringt doch ein Beispiel: den blind geborenen Jungen am Weg! Die Jünger fragen, warum der wohl blind sei, und beginnen das kranke Spiel der Spekulation, die nur einen Sinn hat, nämlich selbst nichts damit zu tun zu haben: Ist der Junge selber schuld, Vater schuld, Mutter schuld, was ist, Meister Jesus?

Und Jesus antwortet: Warum-Fragen ans Leben sind immer neurotisch! Warum-Fragen sind Kinder des Kopfes! Die Not aber steckt nie im Kopf. Sie steckt tiefer! Sie wohnt in der Seele! Die Seele fragt nicht. Sie kann nur weinen und lachen, schreien und still sein. Sie gibt ihre Botschaft dem Körper. Er ist ihr letzter Bote. Not fragt nicht, Not schreit um Hilfe! Also schreit um Hilfe! Schreien ist die richtige Reaktion auf Krankheit. Spekulation läßt sie weiter ihr Unwesen treiben. Wenn denn überhaupt eine Frage angebracht ist, dann diese: Wozu ist er krank, der Kleine? Auf welches Ziel hin? Fällt dir keins ein? Eins weiß ich zumindest: daß du ihm hilfst.

Auf dem Sterbebett schreibt Anthony Perkins, an Aids erkrankt: »Es gibt viele, die glauben, daß diese Krankheit

Gottes Rache ist. Ich aber glaube, daß sie geschickt wurde, damit die Menschen lernen, einander zu lieben und zu verstehen und Respekt voreinander zu haben. Ich habe von den Menschen, die ich bei diesem großen Abenteuer in der Welt von Aids getroffen habe, mehr über Liebe, Selbstlosigkeit und menschliches Verständnis gelernt, als ich es je in der halsabschneiderischen, vom Konkurrenzkampf dominierten Welt getan habe, in der ich mein Leben verbracht habe.«

Wie ist das mit dem Paradies?

». . . ich ruh' und schlafe ganz in Frieden. Ich weiß, du Gott, wirst mich behüten, Amen!« Das ist so der Schluß unseres Gutenachtgebets, das wir mit unseren zwei kleinen Töchtern beten. Aber danach ist noch lange nicht Schluß. Jetzt drehen sich die beiden noch lange nicht zur Wand. Oft geht's jetzt erst richtig los. Es ist dunkel und sie haben Papa und Mama ganz für sich, endlich. Also fragen, fragen, fragen, so lange, wie es nur eben geht! Die Nacht ist nicht allein zum Schlafen da! Heute abend im Programm: »Wie ist das mit dem Paradies? Du bist doch Pfarrer!«

Ich zögere: »Also . . .« »Ich weiß schon«, sagt Miriam, die ältere. »Ich weiß schon! Da fliegt man hin, wenn man tot ist. Also hier auf Erden gestorben ist. Und da sind dann alle, die schon tot sind, die Eltern, die Großeltern und alle, die wir kennen, und leben da zusammen immer weiter und wei. . .«

»Sei ruhig!« Johanna, die Kleinere, Vierjährige, wird langsam unruhig im Bettchen nebenan. »Sei ruhig!« fordert sie ihre ältere Schwester auf. »Sei du lieber ruhig«, kontert Miriam, dozierend wie alle Erstgeborenen, voll auf dogmatischer elterlicher Linie wie alle Erstgeborenen! Sozusagen:

Kleine Kinder, besonders kleinere Geschwister, haben gefälligst zuzuhören, wenn Erwachsene miteinander über so wichtige Dinge reden wie das Paradies. Aber die Kleine läßt sich nicht abschrecken. Von niemandem! Und erst recht nicht von älteren Schwestern! »Also«, unterbricht Johanna wieder, »hört doch mal zu!« Aber wir hören nicht zu. Wir lauschen den aufgeschnappten oder abgelauschten Paradiesgeschichten von Miriam. Da hält es Johanna nicht länger: »Alles Quatsch! Alles Quatsch! Jetzt sag ich euch, wie es richtig ist: Ins Paradies, da geht man tot hin, und da wird man repariert, und dann kommt man wieder auf die Erde zurück!«

Hm, merkwürdig! Woher hat sie das? Von mir jedenfalls nicht. Das ist ja christlich dogmatisch betrachtet eindeutig falsch. Wiewohl es zwei berühmte Wiedergeburtsgeschichten in der Bibel gibt, aber am Rande (oder was die Kirche in Verbindung mit dem Heiligen Geist so an den Rand gedrängt hat). Und wenn Johanna doch recht hat? Schließlich muß sie sich viel weniger anstrengen als wir, sich daran zu erinnern, was man so vor seiner Geburt alles erlebt hat. Für sie ist das ja grad erst vier Jahre her?! Und dick wie ein kleiner Buddha kamen beide zur Welt.

Jetzt oder nie!

Warum können Kinder eigentlich nicht warten! Steckt da eine angeborene vorgeburtliche Unfähigkeit dahinter, die dann von uns Eltern ausgemerzt werden muß? Warum können die nicht warten? Warum haben die keine Zeit?

Immer diese Quälgeister, die, wenn sie etwas haben wollen, es jetzt haben wollen, jetzt und nicht gleich!

Was ist das überhaupt: gleich, morgen, bald, nächste

Woche, mal sehn, Augenblick mal, jetzt nicht? Wovon reden die Erwachsenen überhaupt? Ich will jetzt ein Eis! Jetzt! Ob ich es morgen will, wenn ich es bekomme, weiß ich doch nicht! Man kann doch eine Lust auf Eis nicht einfach einschalten und wieder ausschalten und dann wieder einschalten, gerade so wie die Eltern es wollen? Die Eltern sind verrückt! Was machen die Großen da mit uns?

Kinder können nicht warten. Und wenn das nicht unbedingt als Handicap hingenommen und abtrainiert werden soll, dann könnte es doch sein, daß ihre Zeitlosigkeit, mit der sie auf die Welt gekommen sind, ein Überbleibsel aus der Gegend ist, aus der sie kommen?! Es muß eine Welt sein, in der der Kampf mit der Uhr nicht stattfindet. Nix »Moderne Zeiten«! Es gibt immer nur Hier und Jetzt! Vielleicht gibt es die Zeit so wenig wie Sonnenauf- und -untergang? Alles Einbildung, mehr nicht!

Und dann, kaum geboren, kommen unsere elterlichen Erziehungsprogramme und lehren die Kinder mühselig, Zeit und Geduld aufzubringen. Beim Essen zum Beispiel: Gegessen wird nicht, wenn man Hunger hat! Gegessen wird, wenn es Zeit ist! Und wenn wir es nach vierzehn anstrengenen Jahren voller Kindererziehung geschafft haben, gehen wir abends erschöpft zum Psychotherapeuten, um von dem kinderlosen Mann zu lernen, ganz entspannt im Hier und Jetzt zu leben! Sind wir eigentlich verrückt?

Daß unsere Kinder die sogenannte Realität des Todes, überhaupt Anfang und Ende, nicht wahrnehmen können, ist dann nur ein weiteres Kapitel ihrer zeitlosen Erfahrung, mit der sie hier angekommen sind und die uns, geht es nach unseren Kindern, auch wieder erwartet. »Okay, Anni (unsere Nachbarin), wird begraben! Und wann kommt sie wieder?« Was den Tulpen recht ist, muß der Anni doch billig sein, denkt Johanna.

Wenn sie acht Jahre alt sein wird, denkt sie wie ich und hat Angst vor dem Ende wie ich.

»Ich will nicht in die Kiste!«

Miriam muß als Erstgeborene den ganzen pädagogischen Unfug der Eltern abräumen. Meinen zum Beispiel! Das erstemal geht sie auf den Friedhof, als sie drei Jahre ist. Es sind keine Angehörigen der Verstorbenen da, und so nehme ich einfach meine mit, um einer alten Frau »das letzte Geleit zu geben«. Da stehen wir beide, Vater und Tochter, vor dem offenen Grab, allein, denn die Friedhofsarbeiter sind schon gegangen, Hand in Hand, und werfen ein paar Blumen auf den dunklen Holzsarg. Da erklärt sie mir: »Papa, wenn ich tot bin, will ich nicht in die Kiste! Ich will direkt in den Himmel.« Ich muß es ihr hoch und heilig versprechen! Aber das mit den Kisten hört nicht auf. Jede Woche geht der Papa auf den Friedhof. Und immer wieder kommen offenbar Menschen, bekannte und unbekannte, in solche merkwürdigen dunklen Kisten. Und Miriam wird mißtrauisch hinsichtlich meines Versprechens, da sie um alles in der Welt da nicht hinein soll. Wie sag ich's meinem Kinde? Eines Abends versuche ich's wieder. »Weißt du, wenn man gestorben ist, dann ist das wie ein Traum. Die Augen sind zu. Du schläfst ganz fest, und zuerst merkst du gar nichts, bis auf einmal! Da fliegst du doch tatsächlich nach Amerika zu den Indianern! Ganz ohne Flügel, ohne Flugzeug! Du hörst sie im Traum reden, du bist ganz dabei und hast sogar Angst, sie würden dich erwischen. Und gleichzeitig, während du gerade durch den Himmel nach Amerika fliegst, öffnen Mama und ich vorsichtig die Kinderzimmertür. Wir wollen dich wie jeden Abend, bevor wir Großen schlafen gehn, noch einmal sehn, dir über den Kopf streicheln, dich liebhaben und segnen. Und da liegst du in deiner Bettkiste und schläfst. Bekommst gar nicht mit, daß wir da sind. Du bist mit Haut und Haaren im siebten Indianerhimmel, während wir dich doch alle in deiner Bettkiste hier sehen. Ja, bist du nun in der Kiste oder in Amerika?«

»In Amerika«, sagt sie, und ich bin beruhigt. Ich streichle ihr über den Kopf, gebe ihr einen Kuß, sage »sei gut beschützt!« und gehe zur Tür.

»Aber versprich mir, Papa«, tönt es da in meinem Rücken, »daß ich nicht in so eine Kiste komme, sondern direkt in den Himmel! Ja, Papa? Ehrlich?« bettelt sie. »Versprochen ist versprochen, ja, Papa?!« Los der Eltern! Elternlos! »Okay! Versprochen ist versprochen! Schlaf gut! Sei gut beschützt!« Mal sehen, was ich machen kann.

Lüge ich meine Kinder an, wenn ich ihnen Geschichten von der anderen Welt erzähle? Gibt es gar keine Engel und erst recht keinen Himmel, der sie aufnehmen wird zu seiner und ihrer Zeit?

Was macht eigentlich die kroatische Mutter, die ihre kleinen Kinder eben erst durch die Granatsplitterexplosionen in den schützenden Keller zieht und jetzt mit ihren Händen die Köpfe der Kleinen zärtlich streichelt und sagt, daß alles gut werde. »Alles wird wieder gut, alles!« sagt sie. Sie sieht doch, daß nichts gut wird. Aber auch gar nichts! Jede Sekunde kann die letzte sein! Die apokalyptischen Reiter galoppieren durch die Straßen!

Aber die Kinder in ihrem Arm werden ruhig. Beruhigt von den Worten ihrer Mutter. Eine Insel der seligen Kinder mitten im Inferno! Merkwürdig! Wo nimmt die Mutter selbst diese Stille her? Sie kann doch nur geben, was sie hat? Aus welchen Tiefen schöpft sie? Schlägt durch den Bombenteppich des Grauens, egal wie dicht und vernichtend er jetzt wirkt, das Wissen von einer darunterliegenden heilen Welt, die wir, gefangen im antiken Weltbild, immer noch den Himmel nennen?

Unser Leben währet siebzig Jahr'

Irgend einen Sinn muß es doch haben, daß die Natur uns Menschen so siebzig, achtzig Jahre alt werden läßt! Die Kinder haben die meisten doch mit fünfundvierzig Jahren groß gezogen. Da müßte doch eigentlich nach dem Gesetz der absterbenden Bananenstauden und freien Wildbahn Schluß sein. Von wegen siebzig, achtzig Jahre! Wer keine Kinder mehr zeugt und gebiert, muß gehen! Pardon! Aber so ist sie doch, die Natur! Warum werden wir doppelt so alt wie wir biologisch betrachtet zur Erhaltung des Menschengeschlechts eigentlich müßten? Das muß doch einen Sinn haben! Die Natur macht doch sonst nichts umsonst!

Und wenn es zum Beispiel sinnvoll wäre, daß die alten Menschen verantwortlich dafür sind, daß sich die Menschheit auch seelisch, ethisch, moralisch, religiös weiterentwikkelt? Die aktive Zeit der Fortpflanzung ist doch vorbei. Das kann den Blick nur weiten! Ist es Aufgabe der Alten, nicht nur ihre Energie in reine Fortpflanzungsaktivitäten zu investieren und in die damit verbundene Geldverdien- und Überlebensstrategien, sondern Sorge dafür zu tragen, daß die Menschenwelt nicht überschnappt? Alte erfahrene Menschen sind oft genug Bremser aus Erfahrung. Weil sie selber nicht mehr so schnell über die Straße laufen und nicht mehr so rasch denken können. Bremsen aus Erfahrung großer Gelassenheit!

Unserem Jetset-Zeitalter kann das nur gut bekommen.

Noch so eine Gottesvergiftung! Noch so ein Wachtmeisterbild, Hausmeister, Blockwart und Schupoprojektion! Bis in den Himmel müssen offenbar die drohenden Zeigefinger der Eltern und Autoritäten wachsen, um die Kinder kurz und klein halten zu können. »Also, sieht er nun alles oder nicht?« Miriam läßt einfach nicht locker.

»Erst einmal sieht er wohl gar nichts!« antworte ich. »Oder wenn er etwas sähe, dann petzt er wenigstens nicht. Die einzige aber, die was sieht, bist du! Jeden Tag, jede Stunde, jede Minute und Sekunde, ein ganzes Leben lang, solange die Augen offen sind. Alles wird fotografiert und oben im Hinterstübchen deines Kopfes wie Computer-Software festgehalten: jeder Mensch, jeder Baum, jeder Strauch, jeder Strohhalm! Aber auch jede Furcht und jede Freude, alles! Wer weiß, wozu man es noch brauchen kann. Wiewohl das wenigste davon am Ende wirklich gebraucht wird. Sicher ist sicher, sagt sich der Kopf, und behält einfach alles. Und damit du nicht verrückt wirst, rückt er nur mit den Bildern als Erinnerung heraus, die du gerade gebrauchen kannst. Und du glaubst, daß du alles vergessen hast! Nichts hast du vergessen! Er will dich ja nicht verrückt machen. Er will dir ja nur helfen! Aber gespeichert hat er einfach alles. Aber pfuschen tut er schon, der Kopf!« – »Und wieso pfuscht er?« will Miriam wissen. »Und sieht nun der Gott alles oder nicht?«

»Pfuschen tut er, weil er alles, was dir Angst macht, ganz unten im Computerhinterkopf versteckt. Und dann tut er auch noch so, als wäre da gar nichts, was dich tief, tief erschüttert und krank gemacht hat. Zwei Jahre hat er dir nichts verraten, daß du beinahe ertrunken bist im Swimmingpool. Er versucht immer erst, dich mit freundlichen

Erinnerungen zu füttern. Und da modert dann tief drin was vor sich hin und allein, und von allein traut sich das keiner, es nochmal nach oben zu holen. Und wenn's dann am Ende deines Lebens noch immer da liegt, sieht sich schließlich der Gott das alles genau an. Dann, erst dann, sieht der liebe Gott alles!«

»Aber er petzt ja nicht, hast du gesagt!« freut sich Miriam.

Aber er petzt nicht!

Es ist Abend geworden. Miriam kaut offenbar immer noch am lieben Gott herum, der alles sieht, aber, wie man so hört und wohl nicht ganz glauben kann, doch nicht petzt und etwas ganz und gar für sich behalten kann. Wahrscheinlich kann Miriam das nicht glauben, weil sie so etwas bei aller Anstrengung nicht zuwege bringt. Sie hat ein offenes Gesicht und lebt ohne Visier. Wo will man da was verstecken? Im Gegensatz zu mir. Ich erinnere mich wieder an meine Hände, die ich unter der Bettdecke hervorziehe, als ich höre, Großmutter sei eben verstorben. Ich werde mit Miriam reden müssen, warum sich Gott alles ansieht, aber nicht petzt. Schließlich sind die gemalten Vorstellungen von einem jüngsten Gericht auch nicht gerade so einladend, daß einem an solchem Gerichtstag der Mund vor freudiger Erinnerung, Scham und Reue geradezu übergeht. Vor so einem Gott wär' mir der Hals zu und die Hose voll. Das kann nicht wahr sein! Wenn mein Gott mich erwartet nach langer oder kurzer Lebensreise, dann wird er deshalb Richter genannt, weil er mich aufrichten wird. Alles, was mich in meinem Leben gekränkt und gebrochen hat, was mich am Ende sogar hat sterben lassen, will er wissen. Wie soll er mich heilen, wenn er nicht weiß wovon? Er wird mir zuhören. Zeit wird keine

Rolle spielen dürfen; denn bis ich alles raus habe, wird es Ewigkeiten dauern. So ungefähr werde ich mit Miriam reden.

Gut, daß wir Kinder haben. Sie zwingen uns, die kompliziertesten Sachen einfach zu sehen Sie sind nach der eigenen erlebten Kinderzeit der zweite Versuch des Lebens, den inzwischen erwachsen gewordenen Menschen ein einfaches Leben zu zeigen. Aber noch erfolgreicher ist es im dritten Anlauf bei Opa und Oma mit ihren Enkeln.

Kinderkrankheiten

Miriam muß mit Lungenentzündung ins Kreiskrankenhaus. Meine Frau begleitet sie. Ich fahre tagsüber rüber. Ich sitze an ihrem Bett und halte ihre Hand. Wie blaß ihr Gesicht geworden ist! Onkel Heinz, der Bruder meiner Mutter, ist vor einer Generation an dieser Krankheit noch gestorben. Ich aber spüre heute keine Gefahr mehr. Ich streichle Miriams Hand. An ihrem Arm sind die Infusionskanülen festgeklebt. Der Arm ist angebunden, damit sie die Kanülen nicht versehentlich herausreißt. Sie wehrt sich nicht gegen die Behandlung. Sie liegt ganz still.

Ich muß wieder gehen. Und während ich Abschied nehme, steigt die Traurigkeit in mir auf: Warum müssen so kleine Dinger leiden und große Schmerzen aushalten? Warum? Natürlich müssen das auch die Großen. Aber bei den Kindern wird es mir immer so viel deutlicher. Ich stehe auf und gehe und schau noch einmal in die Klinikkapelle hinein. Ich will noch nicht zu anderen Menschen gehen. Ich will mich einfach einen Augenblick hinsetzen, meinen Gedanken nachhängen und nichts tun, bevor die nächste Arbeit mich ganz woandershin ruft. Ich will einfach einen Augenblick lang traurig sein dürfen. Die Kapelle ist leer. Sie ist meistens leer. Die Kranken kommen, wenn sie kommen, geradezu verschämt hierher, um für ihr Leben zu bitten. Um etwas bitten zu können hat momentan keine Konjunktur. Es ist still. Die kleine rote Kerze brennt, das »ewige Licht«. Ich setze mich einen Augenblick in die Stuhlreihen, finde aber keine Ruhe. Steh auf und blättere in dem ausliegenden Tagebuch der Kranken, in das jeder seine Not und seinen Schmerz hineinschreiben kann. Da, merkwürdig, bekomme ich eine Antwort auf meine traurige Frage. Irgendeiner hat Gedanken von André Gide, dem französischen Dichter, hineingeschrieben:

»Ich glaube«, steht da, »daß Krankheiten Schlüssel sind, die uns gewisse Tore öffnen können. Ich glaube, es gibt gewisse Tore, die nur die Krankheit öffnen kann. Es gibt jedenfalls einen Gesundheitszustand, der uns nicht erlaubt, alles zu verstehen. Vielleicht verschließt uns die Krankheit einige Wahrheiten, ebenso aber verschließt uns die Gesundheit andere.«

Das wird das Kind nicht verstehen. Aber mir hilft es, ruhiger zu werden und mein Kind beruhigen zu können, wenn es mich und meine Ruhe braucht.

Religionskritik der Kinder

Johanna ist krank, wieder mal! Das Fieber kommt und geht. Und manchmal ist es beängstigend hoch. Und Stunden später ist sie wieder fieberfrei. Wenn wir nur wüßten, was sie hat?

In einer der lichteren Stunden soll ich ihr Geschichten erzählen. Immer dieselben: Wie ich klein war oder welche von Jesus!

Pfarrers Kinder werden wohl doch ziemlich einseitig ernährt. Andererseits: Die Jesusgeschichten kenne ich eben besonders gut! Wenn man so will, ist es Nahrung aus eigenem kontrolliert organisch-dynamischen Anbau. Anders gesagt: Geschichten, die auf eigenem Mist herangewachsen sind.

Also erzähle ich eine von Jesus. Und wie sich das pädagogisch anständig gehört, zur Krankheitssituation des Kindes passend eine Heilungsgeschichte. Ich erzähle von einem kranken Mann, der Jesus begegnet und der am Ende der Geschichte von Jesus gefragt wird: »Willst du gesund werden?« Und der Mann auf seinem Lager antwortete: »Ja, Herr! Ich will gesund werden!« – »Dann steh jetzt auf!« sagt Jesus zu ihm und hatte wohl zu seiner Zeit mit dem kranken Mann aus dem Neuen Testament weniger Schwierigkeiten als ich sie heute mit Johanna habe. Die entrüstet sich über so viel göttlichen Unverstand. »Ja, ist der Jesus denn blöd!? Wenn man aufsteht, wo man doch so krank ist, bekommt man doch erst recht Fieber!«

Ich weiß nicht recht, was ich antworten soll. Ich rette mich, indem ich verspreche, nochmal genau in der Bibel nachzulesen. In diesem Augenblick ist mir ihr kritischer Geist wichtiger als psychosomatische Exkurse über Spontanheilungen, klassische Homöopathie und Farblichttherapien. Wer so wach antworten kann, ist auf einem guten Weg.

Kinderwahrheiten

Zu wem gehören Sie?

Unsere Kinder wecken längst vergessene Erinnerungen an Begebenheiten aus der eigenen Kinderzeit, die wir in ihrem Alter erlebt haben.

Irgendwann kurz vor meiner Einschulung, so zwischen dem fünften und sechsten Lebensjahr, bin ich mit wehendem Mantel, und offenbar auch mit offener Hose, zu meinem Großvater gerannt, der fünf Minuten entfernt wohnte. Ich war kaum hundert Meter gelaufen, da kam eine fremde Frau auf mich zu. Sie hatte wohl mit einem Blick meine Eile mitbekommen. Aber so erbärmlich wie ich wirkte, konnte man mich doch unmöglich weiter durch die Stadt laufen lassen. Ich sah wohl aus, als kümmerte sie niemand um mich.

»Wem hörst du?« fragte sie, zog mir die Hosen richtig hoch, den Gürtel stramm und knöpfte den Mantel zu. Auf hochdeutsch übersetzt, hieß das: Zu wem gehörst du? Und noch hochdeutscher: Wie heißt du? Oder: Wie schreiben sich deine Eltern? Ich habe es ihr gesagt, während sie mich zurecht machte, und rannte weiter. Opa wartete.

Über dreißig Jahre hat die Geschichte warten müssen, bis mir klar wurde, warum sie mir passierte. Über dreißig Jahre trägt der tiefe Eindruck der fremden Frau, die ungefragt so nah an mich herankam, wie sonst nur Mutter, um am Ende etwas ganz anderes klären zu helfen. Ihre wenigen Worte sind so haften geblieben wie ihre paar Handgriffe.

Der Name, den man trägt, sagt offenbar weniger über mich aus als viel mehr über die, zu denen ich gehöre. Einen Namen tragen bedeutet dann, sich zu jemanden zu zählen oder zählen zu lassen. Bedeutet das, daß ich allein namenlos bin? Ein Nichts? Ein Niemand? Bedeutet das, daß ich zu jemandem gehören muß, um zu leben und um glücklich zu sein? Daß ich allein ein »Gespenst« bin? Ein Namenloser? Bedeutet das, daß ich, kaum trage ich einen Namen, auch schon zu jemandem gehöre? Bedeutet das, daß man jemandem gehören muß? Immer? Nur daß man es oft nicht weiß? Bedeutet das, wenn ich meinen Kindern einen Namen gebe, daß ich sie ganz unbewußt irgendeiner fremden Herrschaft anvertraue, die auf sie einwirken wird, ob ich nun will oder nicht? Hermann van Veen singt auf einmal in meinem Kopf: »Alles, was ich hab', hab' ich von einem andern. Und alles, was ich sag', sag' ich einem andern, und alles was ich trag', ist ein Name nur. Den hab' ich von einem andern!«

So ist es, Hermann! Und all die besonderen, unbewußten Erwartungen der Eltern an ihre Kinder stopfen sie in deren Vornamen. Sie sind das eigentliche täglich aktivierte Erwartungs- und Erziehungsprogramm der Eltern. Und so werden aus Friedrichs Preußen, aus Manuelas Popfans und die Sehnsucht ihrer Eltern nach der weiten, weiten unerreichbaren Welt tragen die Kinder mit anglo-amerikanischen und französischen Vornamen durchs Leben.

So ihr nicht werdet wie die Kinder . . .

»So ihr nicht werdet wie die Kinder, werdet ihr niemals ins Himmelreich kommen«, hat Jesus gesagt. Er muß wohl seine Erfahrung mit Kindern gemacht haben. Zum Beispiel mit meiner Tochter! Die steht mit ihren vier Jahren auf dem Hocker vor dem Spiegel im Bad und will sich die Zähne putzen. Unter Aufsicht der Mutter, versteht sich. Die halbe Portion Zahncreme landet auf dem Fußboden und nicht auf der Zahnbürste. Doch Töchterlein tut so, als wenn sie nichts bemerkt hätte.

Endlich fragt meine Frau, wer denn die Zahncreme immer auf den Boden fallen läßt? Antwort: Keine! Das heißt, erst einmal keine Antwort! Statt dessen nur Schweigen! Schweigen und Zähneputzen! Zähneputzen und Schweigen. Doch sie putzt wohl etwas intensiver als vor der Frage. Dann langsame Drehung zur Mutter hin, fast in Zeitlupe! Jetzt nimmt sie die Zahnbürste aus dem Mund und: »Was kann ich denn dafür, daß der Gott mich, so wie ich bin, zu euch geschickt hat?!« Originalton Johanna, vier Jahre alt, auf dem Weg ins Erwachsenenland. Kein Wort von der blöden Zahncreme, diese zweitrangigen Petitessen! Statt dessen muß jetzt einmal grundsätzlich Klarheit geschaffen werden: Es ist doch völlig okay, daß ich nicht okay bin! So wenigstens würden es gute Therapeuten formulieren. Oder auch: Ich bin doch nicht zu euch gekommen, um nach euren merkwürdigen Erwartungen zu leben, oder?

Jetzt wissen wir, wo die wahren Gurus wohnen! So wir nicht werden wie die Kinder, werden wir immer den Ansprüchen anderer Menschen an uns hinterherlaufen. Bis wir nicht mehr können und sich niemand mehr auf Erden unser erbarmt.

Lieber Gott, mach mich fromm

Ich wäre nicht drauf gekommen, wenn Miriam nicht draufgekommen wäre. Sie wollte unbedingt reiten. Darin unterscheidet sie sich wohl nicht besonders von anderen Kindern. Ob nun Rummel ist, Kirmes, Maifest, sie sucht zwischen den Karussells immer nach den Pferden, auf denen sie reiten kann. Und jetzt standen wir auf einem Reiterhof und schauten uns unter den kleineren Pferden um, weil Miriam zum erstenmal, mit anderen natürlich, frei durch Feld und Wald reiten durfte. Ich hebe sie auf den Pferderücken, sie nimmt die Zügel, und ich klopfe dem Pferd freundlich auf den Hals. Da kann nicht viel passieren, denke ich und sage: »Keine Angst, Miriam, das ist ein frommer Gaul!« Da schaut sie mich verwundert an, wahrscheinlich geht ihr das fromme Kamel aus der Bibel, das durch ein Nadelöhr gehen kann, durch den Kopf, und sie fragt mich, was ich denn meine mit dem frommen Gaul?

Da mache ich mir zum erstenmal, überstürzt zwar und unter Erfolgszwang Gedanken, was es eigentlich heißt, fromm zu sein. Bedeutet das, daß man nicht mit den Hinterbeinen austritt, wenn man von irgendwelchen Herrenreitern hart mitgenommen wird? Meint das, daß man weder vorne noch hinten hochgeht, daß man alles oder zumindest viel erträgt? Heißt das, daß man ein gewisses Alter erreicht haben muß, in dem einem von allerei Menschenkindern die Pferdemähne schon halb ausgerissen, halb ausgefallen ist? Ein Alter, in dem man gar nicht mehr hoch kann, selbst wenn man wollte? Bedeutet das, daß man schon viel erlebt hat und viele Jahre auf dem Rücken hat und die Zähne schon wakkeln? In diese Richtung wird es gehen, denke ich.

Auf jeden Fall aber heißt es, daß man einem frommen Menschen Kinder anvertrauen kann. Er wird mit ihnen langmütig und ausdauernd sein, geduldig und von großer Güte.

Schenk dem Onkel das schöne Händchen

Kindergeburtstag! Des Pfarrers Kind hat Geburtstag. Da kommt dann die Frauenhilfe und der Altenclub und bestickt und bestrickt das liebe Kind. Wahrscheinlich bekommen Dorfpfarrer und ihre Familien mit demselben Einverständnis der Bevölkerung einen Teil ihrer Apanage wie Prinz Charles, Lady Diana und deren Kinder. Wir sind für alle da! Wir stehen unter sozialer Kontrolle und sozialer Fürsorge. Wir werden artig sein müssen! Doch Miriam denkt nicht daran, ihnen artig die Hand zu geben. Das Kind, das mit neun Monaten »Apfel« sagen konnte, kann mit drei Jahren nicht »danke« sagen. Aber spielen kann sie. Als sie das gelbe Dreirad entdeckt, sind wir für den Rest des Tages abgemeldet. Sie nimmt das Dreirad, schiebt und fährt es und läßt es den ganzen Tag nicht mehr aus den Augen. Und allen, die es hören wollen oder auch nicht, sagt sie, von wem sie dieses schöne Rädchen bekommen hat. Den Gebern ist es nur recht so! Was sollen sie mit dem artigen, schönen Händchen anfangen? Ihr Geschenk ist angekommen, das ist die Hauptsache. Statt Dank ernten sie Lob. »Rat mal, von wem ich das tolle Dreirad habe?«

Daran muß ich immer denken, wenn ich im Gottesdienst die Gemeinde bitte, dem lieben Gott jetzt das schöne Händchen zu geben und ihm nicht nur richtig tief dankbar zu sein, indem man ruhig die Kugel seines Lebens weiterschiebt, sondern das auch deutlich zu sagen.

Und wenn der Gott nun wie unsere Dreiradschenker da oben im himmlischen Wohnzimmer sitzt und auf unsere schönen rechten Händchen pfeift? Wenn er nur da oben sitzt und die ganze Zeit, eine halbe Ewigkeit darauf wartet, daß wir die uns von ihm überlassene Welt nicht gleich mit achtzig Sachen gegen die Wand fahren, sondern mit ihr spielen? Wahrscheinlich ist es so. Unsere Schwestern, die Pflanzen beten ja schließlich auch, indem sie ausschließlich ihre Arbeit tun.

Und unsere Kinder lehren uns in Jesu Namen die schönen Seiten der Abba-Vater-Religion. »Schaut mal, was wir für eine schöne Welt haben, die haben wir von Gott geschenkt bekommen! Spielt ihr mit?«

Hände waschen!

Ich sitze wieder einmal als erster am Mittagstisch. Die Kinder kommen eben aus der Küche, wo sie sich noch die Hände waschen mußten. Da sehen sie mich sitzen und wissen Bescheid und wiederholen, was meine Frau mir seit bald vierzehn Jahren mit mehr oder minder großem Erfolg versucht beizubringen: »Papa, Hände waschen!« Vor dem Essen ist Händewaschen schließlich selbstverständlich. Weiß ich auch! Und die beiden Kinder, so faul wie ich und darum nicht dumm, schielen immer zu mir herüber, ob ich denn schon . . . Na ja, und dann muß ich, obwohl ich schon sitze, aufstehen, und ab in die Küche mit Papa!

Aber jetzt habe ich in einem schlauen Buch etwas Interessantes gelesen! Faul darf man also sein, wenn man nur lesen kann! Ein Lexikonartikel wirft ein völlig neues Licht auf meine ungewaschenen Hände. Dreckige Hände können nämlich durchaus auch ein Zeichen dafür sein, daß deren Besitzer, in diesem Falle ich, kein dreckiges, sondern, in Ansätzen, ein erdverbundenes, erdverwandtes Leben führt.

Im lateinischen Wort für Demut »humilitas« kann man das noch gut sehen, denn daß in humilitas humus drin ist, also beste Blumenerde, merkt jeder Hobbygärtner. Die religöse Lebensweisheit, die uns Menschen humilitas näherbringen will, um uns einigermaßen ungeschoren durchs Leben kommen zu lassen, weiß offenbar, daß das nicht durch trauriges Kopfsenken und in der Ecke des Lebens stehen passiert. So, wie wir uns oft genug Demut vorgestellt haben! Sondern: Humilitas, wahre Demut, bedeutet, daß man sich in Krisenzeiten immer eher der Erde zuwendet als keck den Kopf hoch zu tragen. Auf die Knie gehen macht ja nicht nur in Schützengräben Sinn. Klein-werden-können als gute Lebensregel geht doch viel weiter. Klein werden bedeutet doch auch regressiv sein dürfen und kindlich werden. Siebzig und wenn's hoch kommt achtzig Jahre und wieder oder immer noch einen kindlichen Eindruck machen. Kinder und Greise mit ihren ewig schmutzigen Fingern! Erddreckige Finger haben und seine Herkunft nicht verleugnen können, mit wem man gespielt hat, wer seine Mutter ist, wo Kraft ist und wo Geborgenheit. Umgang, der abfärbt! Humilitas ist für alle Übermütigen ein guter Schutz und eine Ehrfurchtsbezeugung der Erde gegenüber. Die ist in den letzten zwei- bis viertausend Jahren Himmelspatriarchat eh ein bißchen zu kurz gekommen.

Doch jetzt steh' ich auf und wasch mir die Pfoten. Es gibt ja nichts schlimmeres als Religion auf die Spitze zu treiben. Am besten, ich schneide mir auch schnell die Fingernägel.

Und mit welcher Bank arbeiten Sie?

Also, wer seine Kinder nicht selber ins Bett bringt, hat Abend für Abend ein Stück weniger gelebtes Leben.

Abends den Tag zu beschließen, das ist mehr als ein beruhigendes Ritual. Es ist erst recht nicht nur für die Kinder da. Ganz deutlich spüre ich, daß es auch für mich gut ist! Auch mein Tag wird runder.

»Papa«, beschwert sich Miriam, »warum hat du heute den ganzen Tag nicht eine Minute mit uns gespielt? Die ganze Zeit hast du gerechnet und gerechnet und gerechnet. Warum?«

»Ach, du weißt doch, wir wollen ein Haus kaufen. Und da brauchen wir sehr viel Geld.« Da antwortet sie: »Mama und du, ihr könnt doch mein Geld nehmen. Alles, was ich gespart habe, könnt ihr haben!« Ich bin gerührt, bedanke mich auch, streichle sie und sage, daß es dann immer noch nicht reichen würde. So teuer sind heute die Häuser. Wir werden zu einer Bank gehen müssen, sage ich, um dort viel Geld für das Haus zu leihen. Und auch nicht zu irgendeiner Bank, sondern unter all den vielen Banken und Sparkassen, die es gibt, muß ich die finden, die am allerwenigsten dafür haben will, daß sie unserer Familie Geld gibt. Deshalb habe ich auch den ganzen Tag über gerechnet und gerechnet. Unter all den Banken muß ich unbedingt die finden, die mir am besten hilft.

Meine Tochter nickt. Und ich sage: »Komm, schlaf jetzt ein, es ist spät. Ich will noch mit dir beten.« Und so spreche ich mit ihr unser Gebet, sage Amen und hänge noch wie immer diesen oder jenen für die Kinder aktuellen Teil ans Gebet dran, also Streit im Kindergarten und solche Sachen und sage wieder Amen. Dann ist Stille. Ich erhebe mich langsam vom Bett. Die Kinder sind wohl eingeschlafen. Da! »Papa, willst du nicht den lieben Gott bitten, daß er dir die richtige Bank zeigt? Wo es doch so viele gibt, die du selber nie und nimmer alleine kennst?! Soo viele!« »Na klar«, sag ich, betroffen und glücklich darüber, daß mir meine Tochter hilft, so klein wie sie ist, meine Sorgen in Gottes Hand zu legen und ihn nicht als allabendliche Kindersorgenberuhigungspille zu mißbrauchen. »Also, lieber Gott im Himmel, hilf uns, die richtige Bank zu finden!«

Meine, deine, Gottes Kinder!

Es gibt so viel zu ertragen! Jeder Tag ist voll von Erlebnissen, die einen in Gefahr bringen, mit den Tagen und Wochen, mit den Monaten und Jahren immer härter und härter zu werden, mißtrauischer, gejagter, erbärmlicher. Das ganze Arbeitsleben ist voll davon: Kauf und Verkauf von Menschen! Taxieren und zahlen! Da sucht man nach Momenten des Glücks, die frei davon sind. Sie sind so selten wie die Nadel im Heuhaufen, aber sie sind doch zu finden. Geschichten sind es und Augenblicke, die Kraft haben, einen wieder weich, vertrauensvoll und empfindsam werden zu lassen wie am ersten Tag. Solche Momente gibt es. Einer war so:

Ich gehe ein paar Tage auf Dienstreise. Meine Frau bringt die Kinder zu Bett. Da sitzt sie und läßt die beiden erzählen von den Ängsten des Tages, den Freuden, dem Streit untereinander und den Sorgen von morgen. Und dann das Nachtgebet: »Du lieber Gott, du bist so gut . . .« und so weiter. Das Gebet ist beendet. Stille im Zimmer. Jetzt dreht sich Johanna mit ihren vier Jahren noch einmal von der Wand zurück zu Mutter. »Ich muß dem lieben Gott noch was sagen! Kann ich das? Ich hab' was vergessen. Es ist wichtig!«

Meine Frau nickt wohl. Und es dauert einige Sekunden bis der Mut der Kleinen wieder so groß ist, wie er schon bei der Ankündigung war. »Ich möchte den Gott im Himmel bitten, daß der Papa auf der Reise nicht hinfällt und sich die Beine aufschrammt!«

Spät am Abend rufe ich aus dem Hotel meine Frau an, und sie erzählt mir diese Geschichte. Und all die Rechtsanwälte und Filmkaufleute, denen ich heute begegnet bin, mit denen ich verhandeln mußte, die pokerten und pokerten und mir Angst zu machen versuchten mit Anwalt, Recht und Gesetz und Beziehungen nach oben, schrumpfen auf ihr erbärmliches Maß zurück; denn ich bin gut beschützt.

Eure Rede sei »Ja, ja! Nein, nein!«

Johanna ist meine Lehrerin. Nicht, daß sie wie ein Wunderkind mehr Mathematik und Physik könnte als ich. Aber wie jedes wunderbare Kind legt sie die kleinen Finger unmerklich auf ein paar Schwächen, die ich mir im Laufe meines Lebens eingehandelt habe. Und sie zeigt darauf wie ein guter Lehrer, so ganz nebenbei, als wenn sie gar nicht merken würde, daß da ein Fehler bei mir lauert. Und weil sie es so lieb macht, lerne ich von ihr, um ihr zu gefallen. Wie eben Schüler nur von guten Lehrern und Lehrerinnen lernen.

Ich hole also Johanna vom Kindergarten ab und bekommen eben noch mit, wie sie einem kleinen Jungen eine Abfuhr erteilt: Nein! Zu deinem Geburtstag komme ich nicht! Mitten ins entgeisterte Gesicht des Jungen und seiner Mutter hinein! Ich halte die Luft an. Kommt man mit dieser Härte durch die Welt. Muß sie nicht lernen, verbindlicher zu reden? Ja, ja! Nein, nein! Das ist oft zu hart! Viel zu hart! Aber vielleicht ist das bei Johanna auch alles nur eine dieser Trotzphasen, und sie redet bald schon wieder verbindlicher: »J-ein und Na-ja! Mal sehn und vielleicht!«

Abends sitze ich an ihrem Bett. Da sagt sie: »Papa, da hatten wir heute zwei Probleme. Erstens: Du hast mir mein Heft kaputtgemacht und es nicht wieder geklebt. Und dann hast du mir einen Zimtstern weggegessen. Aber den schenk' ich dir, wenn du mir morgen das Heft klebst, ja?!«

»Ja, ja!« sag ich und lächle in die Dunkelheit hinein. Und diese Klarheit wollte ich trüben! Was würde ich verloren haben, wenn mein Kind nicht mehr offen und ganz frei zu mir sprechen würde? Und was haben wir längst verloren, seitdem wir sogenannten Erwachsenen nicht mehr Ja, ja! Nein, Nein! sagen.

Mit Kinderaugen zum Passahfest

Astrid Lindgren hat gut lachen! Ihre Helden sind immer genauso alt wie die Kinder, die von ihnen begeistert sind. Aber was mach' ich armer Pastor mit meinen Jesusgeschichten, wo beim besten Willen gerade zwei Stellen mit Kinder- oder jugendlichen Helden vorkommen: Einmal Betlehem und eventuell Flucht nach Ägypten und dann: der zwölfjährige Jesus im Tempel. Also werden die zwei von mir als Gutenachtgeschichten für meine Kinder wahrscheinlich etwas über Gebühr in Anspruch genommen. (Die ersten Christengemeinden waren entweder nicht kinderfreundlich oder ließen ihre Kinder auch bei sogenannten Erwachsenengeschichten zuhören.)

Als ich also wieder einmal von der großen Familienwallfahrt des Jesu-Maria-Josef-Clans nach Jerusalem erzähle, der Kleine ist grad zwölf Jahre alt und darf zum erstenmal mitkommen, gelingt mir die zugegeben unbiblische, aber doch historisch exakte Szene mit den Opferpriestern offenbar besonders gut. Miriam muß in ihrem Bett das Opfermesser an den von den Tempelpriestern zu schächtenden Lämmern und Schafen geradezu in der Berliner Abendsonne haben blitzen sehen. Sie zuckt zusammen und schweigt, während ich mit meiner Geschichte fortfahre. Dann sage ich den Kindern Gutenacht und verlasse das Kinderzimmer.

Nach einer Weile kommt Miram, tap, tap, tap, auf leisen nackten Sohlen zu mir, weil sie nicht schlafen kann. Irgendwas drückt sie. Ich ahne, was sie plagt! »Du, Papa, warum schneiden die Priester in Jerusalem den Lämmern den Hals auf? Die können doch gar nichts dazu! Die sind doch so klein und so niedlich?« Und als ich ihr nicht gleich widerspreche, faßt sie Mut und wird laut gegen die hartherzigen Priester: »Was können die Lämmer denn dazu, daß die Priester . . .!« – »Pst«, sage ich, »sei leise, Johanna wacht sonst auf!« Aber so kriege ich Miriam nicht ins Bett zurück und erst recht nicht beruhigt. Ich muß mit ihr reden. ich muß ihr noch eine Gsechichte erzählen.

Es ist längst über die Zeit, als ich ihr einigermaßen umfassend über jüdische Sündenbockrituale Auskunft gegeben habe, über Feste der Nomaden, die in ihre Mitte ein neugeborenes Lamm stellten und ihre ganze Aggression und Bösartigkeit an diesem Lamm ausließen und es anschließend in die Wüste trieben auf Nimmerwiedersehen. Jesus hat meine priesterlichen Berufskollegen damals offenbar tagelang in die Mangel genommen. Auch wegen der unschuldigen Lämmer? Ich weiß es nicht, aber er feiert später die Rettung seines Volkes aus Ägypten, das berühmte Passahfest, nur mit Brot und Wein. Und Gleichnisse über ein gelungenes Leben erzählte er lieber von Pflanzen als von Tieren. Und wenn schon Sündenbock, wenn das also nicht rauszukriegen war aus den Menschen, dann müsse man sich was einfallen lassen. Mal sehen!

Das mit dem gemordeten, geschächteten Lamm läßt Miriam keine Ruhe. Sie will wissen. Sie will verstehen, was ihr und der von ihrem Vater angehimmelte Jesus damit zu tun hat. Sie quängelt solange, bis ich sie zu mir nehme und einen Versuch starte: Also, Jesus Sündenbock für Kinder!

»Wahrscheinlich ist Jesus einer von diesen Müllmännern, die einmal die Woche kommen, um unseren Dreck wegzubringen.« Ungläubig guckt sie mich an. Jesus, ein Müllmann? Dem Papa kann man in der letzten Zeit immer weniger trauen. Der schwindelt. Manchmal sagt er die Wahrheit und manchmal fängt er an zu flunkern. Abwarten!

»Nicht genauso ein Müllmann, sondern etwas anders schon«, mache ich weiter. »Es gibt ja, weißt du, viel, viel kleineren Müll, der täglich und wöchentlich anfällt und der obendrein sogar noch viel gefährlicher ist als der Müll, der bei uns in die Tonne wandert . . .« Miriam bleibt skeptisch. Jetzt, wo es auch noch gefährlich wird, rückt sie zwar ein bißchen näher ran. Aber ihre Distanz zu meinem Jesus Müllmann scheint größer geworden zu sein. »Müll«, mache ich weiter, »der so klein ist, daß man ein Mikroskop braucht, um ihn überhaupt sehen zu können. Wenn der in unserem Körper bleibt, dann stinken wir bald so wie eine Mülltonne und werden obendrein auch noch krank. Du mußt zum Arzt, der dir Medizin verschreibt, die die Bakterien und Viren, wie dieser kleine gefährliche Abfall heißt, aus dem Körper treiben.«

Miriam wird ungeduldig. Wahrscheinlich weiß Papa wieder keine Antwort, und er erzählt so lang und breit um den heißen Brei herum, daß man am Ende die Frage vergessen hat. Mit ihr nicht! »Wieso ist Jesus ein Müllmann?«

»Weil es noch viel kleineren Müll gibt als Bakterien und

Viren. Viel zu klein sogar für ein Mikroskop! Unsichtbarer Müll ist das, der nicht nur den Körper krank macht, sondern deine Seele, deine Gefühle, deine gute Laune, deine Stimmung. Er macht alles kaputt, und du bist wütend, stinkig und unausstehlich, voller unsichtbarem Müll. Du trittst gegen den Tisch, der dir gar nichts getan hat, und streitest mit allen hier herum. Wenn es jetzt einen gäbe, den du anschreien könntest, den du treten könntest und anspucken könntest, irgend so einen Sündenbock, das täte gut . . .«

»Johanna spuckt immer zurück!« unterbricht Miriam trokken. » . . . und der eben nicht zurückspuckt und tritt wie Johanna. Sondern der ganz geduldig dein Stinkigsein erträgt und es einfach runterschluckt wie ein Müllschlucker im Hochhaus.«

»Manchmal ist Mama so! Aber meistens nicht!«

Happy birthday to you!

Versuchen Sie niemals den Kindern zu erzählen, daß Pfingsten die Kirche Geburtstag feiert! Da sind sie mit ihrer Glaubwürdigkeit bei denen sofort unten durch. Schließlich weiß jedes Kind, wie Geburtstage auszusehen pflegen. Und dann erst ein Geburtstag, der zwei volle Tage dauern soll, Sonntag und Montag?! Da müssen erst einmal Luftballons an den Kirchturm gehängt werden, damit wenigstens alle Kinder der Stadt wissen, daß hier und heute Geburtstag gefeiert wird. Und Einladungen müssen verschickt werden, und Tische müssen aufgebaut werden, und Limo und Cola und Stühle für die Reise nach Jerusalem und kaltes Büffett und Musik und Tanz bis spät in die Nacht muß es geben! Morgen muß man ja nicht arbeiten! Morgen fällt die Schule aus! Morgen ist ja Kirchengeburtstagsnachfeier!

Aber wer lebt schon in diesen befreiten Kirchengebieten, in denen die Kirche ihren Geburtstag so feiert wie die Kinder? Wo gibt's zu Pfingsten Kuchen und Bier, Hamburger mit Ketchup, Pommes und Limo? Musik und Tanz und Tombola? Aber wenn sie nun trotzdem Geburtstag hat zu Pfingsten, die Kirche? Wenn die Kirche trotzdem Geburtstag hat und einfach keinen ausgibt? Kein Fest feiert? Was kann das bedeuten? Daß sie arm ist und kein Geld hat? Daß sie vielleicht, wie manche Großen, »in aller Stille« feiern will? Was sich immer so wie eine vorweggenommene Beerdigung anhört. So still, daß selbst ihre Verehrer nicht merken, daß sie älter wird? Frauen sind ja oft so, sagt man. Und manche Männer wohl auch? Warum tut sie das? Ist sie vielleicht schon zu alt geworden? So alt, daß sie sich schämt, überhaupt noch da zu sein und den Kindern und Verehrern auf dem Portemonnaie zu liegen? Bald 2000 Jahre wird sie. Da kann man schon auf solche Ideen kommen. Alte sind oft ein bißchen komisch.

Aber es kann ja auch sein, daß sie gerne tanzte und jetzt, wo sie etwas wacklig auf den Beinen geworden ist, nicht die Größe hat, den Kindern und Enkeln beim Tanz nur zuzusehen. Sei es, wie es sei! Ich weiß es nicht! Es wird auf jeden Fall so sein wie letztes Jahr und vorletztes Jahr und das Jahr zuvor auch: Wer zu Pfingsten hingeht, zieht sich sauber an, macht da und dort vorher seinen leichten Knicks, wenn er ankommt, setzt sich brav hin, faltet die Hände und hält den Mund. Ausgerechnet zu Pfingsten! Nach einer Stunde Gratulationskur, wie in jedem Jahr, ist die Angelegenheit sowieso vorüber und man kann wieder gehen. Nachmittage bei alten adeligen Damen stelle ich mir so vor. Dabei wäre mit anständiger Kirschtorte und Schlagsahne der ganzen Sache abgeholfen. Aber offenbar muß die alte Dame Diät leben. Wenigstens redet sie und ihr Personal von morgens bis abends von nichts anderem als vom Abnehmen, wenn sie denn redet. Wehe, einer schenkt der alten Dame den klaren Wein von der Hochzeit zu Kana ein und erinnert sie daran, daß ihr Erzeuger damals im ganzen Land als Fresser und Weinsäufer verschrien war. Entrüstet wird sie das von sich weisen.

Hört, hört!

Daß der Heilige Augustinus nach seinen rauschenden Jahren durch eine scheinbar zufällige Kinderstimme auf den sogenannten richtigen Weg gekommen sein soll, kann ich mir seit jenem Vormittag leichter vorstellen.

Eine Frau war gestorben. Ein Schock für die große Familie! Ihr Mann und die zahlreichen Kinder mit den ersten Enkelkindern sitzen im Wohnzimmer und können es nicht fassen. Zigarettenqualm und Kaffeeduft als profane Weihrauchschwaden der Hilflosen machen die Luft dick. Wir schweigen. Sicher gibt es einen stillen, aber fast greifbaren Erwartungsdruck an mich. Sagen Sie doch was, Herr Pfarrer! Aber ich sage nichts. Was soll ich sagen? Ich will doch erst einmal da ankommen und hinkommen, wo die anderen hier schon sind. Wenn ich das überhaupt kann. Und die schweigen. Also: Schweigen! Der Mann schüttelt immer wieder stumm seinen Kopf. Die Kinder gießen Kaffee nach. »Wollen Sie Milch?« Jetzt schüttle ich den Kopf. »Nein, danke!« Schweigen! Ich habe keine besonderen Erwartungen an mich. Ich will nur sinken, tiefer kommen, die Familie in ihrer Not aufspüren, um in den nächsten Tagen an ihrer Seite sein zu können. Schweigen!

Auf dem Fußboden spielen die Enkel. Jetzt entdeckt die Dreijährige ein Plastik-Xylophon. Sie fängt an, darauf herumzuhämmern. Sie nervt. Gerade will ihre Mutter sie bremsen, da fängt sie an zu singen: »Alles hat ein Ende, nur die Wurst hat zwei, jawohl mein Schatz, es ist vorbei . . .« Und immer wieder singt die Kleine diesen Vers. »Alles hat ein Ende, nur die Wurst hat zwei, jawohl mein Schatz, es ist vorbei . . .!« Ob sie weiß, was sie singt? Muß sie doch wohl! Unsere Kinder sind mit ihrer Intuition unserem Verstand soweit voraus wie die Mystik der Wissenschaft.

Ich würde so gerne mitsingen und das Lied auch im Gottesdienst singen lassen. Dazu reichten wir dann starken Kaffee, man will sich ja nicht blamieren, Bier, Zigarettenqualm – und immer wieder dieses Lied. Was käme da für eine Stimmung auf?

Aber so weit sind wir mit unserer Nähe, Ehrlichkeit und Menschlichkeit wohl noch lange nicht. Aber dahin will ich!

Was sind Schwitztränen?

Schwitztränen? Sie wissen nicht, was Schwitztränen sind? Haben sie keine eigenen Kinder? Wenn meine Johanna erstmal sechs oder sieben Jahre sein wird, dann wird es, fürchte ich, mit ihren originellen Sprachschöpfungen, die mich auf völlig neue Ideen und Erkenntnisse bringen, wohl vorbei sein. Dann spricht sie unser Deutsch, Mutters Sprache und Vaters Worte! Und wir müssen den Kindern anderer Familien zuhören,wie sie uns mit ihrer unfrisierten Originalität begeistern. In der Zwischenzeit aber denke ich über Johannas Schwitztränenerfindung nach. Okay, was sie meint, ist mir klar! Schweißperlen! Aber was muß sie für ein Verständnis von Schweißperlen haben, daß das für sie keine Tropfen, sondern Tränen sind. Der Körper, der offenbar vor Anstrengung und Streß anfängt zu weinen! So selbstverständlich, so hemmungslos, so ohne jede Contenance, so ehrlich, so unkontrollierbar spontan, wie eben Schwitzen so geht.

Oh, Johanna, du gibst mir eine neue Begründung für meine zurückgehaltenen Tränen, die den Streß der Seele herausspülen wie Schweißperlen die Mühen des Körpers. Du zerbröselst mir mit deiner Kreativität ein Stück meiner alten Weltanschauung, die lieber das Deo unterm Arm der Menschen riecht als den Schweiß ihrer Not. Schweißtropfen sind wohl die vielen versteckten Geschwister der Tränen. Ich wußte das nicht, Johanna, bis heute! Gib mir Zeit, mich daran zu gewöhnen.

Gebete wachsen mit, wie Füße

Die Kinder bereiten sich auf ihre Ferienreisen vor. Und ich sitze da und weiß nicht, ob ich mich freuen oder ob ich traurig sein soll. Freuen, weil ich endlich in Ruhe frühstükken kann, das Badezimer nicht ständig besetzt ist, der ewige Streit untereinander aufhört und so weiter. Und traurig, weil ich sie ja liebhabe und genug dran rumerzogen und gezogen, gewickelt, geschnitzt und gestaunt habe, um sie jetzt auch als ein Stück von mir selbst zu sehen. Und dieses Stück geht nun weg von mir für ein paar Tage oder Wochen. Was wird während der Zeit aus ihnen? Wie kommen die Kinder wieder? Es wird doch wohl gutgehen? Ab und zu werde ich beten, leise. Für sie, für mich zur Beruhigung. Erwachsenengebete sind anders als Kindergebete. Sie bitten und betteln nicht um Dinge wie die Kinder: »Lieber Gott und Christussohn, ach schick mir doch ein Grammophon . . .« Auch nicht mehr um Stärke in Kopf und Körper, Grips im Kopf und Muskeln an den Armen. Das tun die Kinder so ab dem achten Lebensjahr gerne. »Lieber Gott, mach doch, daß ich eine Zwei in Rechnen schreibe und den Ulli von nebenan auf dem Nachhauseweg zusammenschlagen kann, ja?!« Nein, Erwachsenengebete sind immer Schutzgebete! Erwachsenengebete hoffen auf Gott als eine »feste Burg« für die Männer und einen »Schoß« für die Frauen. Und umgekehrt! Feste Burg oder Schloß sind es darum geworden, weil man genug Erfahrung gesammelt hat, daß der liebe Gott weder ein Kaufhaus mit großer Spielwarenabteilung noch ein Fitneßstudio ist. Sondern, wenn er überhaupt existiert, dann ist er wie ein Engel eher ein unsichtbarer Begleiter, der meine Hand hält, während mir schwindelt.

Also, lieber Gott, was werden die Kinder machen? Sie werden machen, was ihnen gerade einfällt. Ich werde sie nicht daran hindern können. Sei ihnen, o Gott, ein unsichtbarer Begleiter, der ihr Vertrauen in den eigenen Kopf und Herz und Hand stärkt. Dann werden sie wohl zurückkommen. Und, hallo, Mr. Gott, vergiß den Busfahrer nicht und all die anderen, denen die beiden auf ihrer Reise begegnen.

Glauben wie die Kinder

Hokus Pokus! Wissen Sie eigentlich, was das bedeutet? Ich meine, wo es herkommt? Wenn man sich von den Wörtern ihre Geschichte erzählen läßt, ist man anschließend nicht nur schlauer, sondern meistens ein Stück weiser!

Also: Hokus Pokus! Die Kinder benutzen das immer als Zauberspruch. Und weil sie genau sind im Abgucken, muß der Spruch, so ein richtiger Zauberspruch, genau in dem Augenblick gesagt werden, wo sich die Dinge verwandeln bzw. sich verwandeln sollen. Nicht vorher und nicht nachher! Hokus Pokus! Dann ist alles, was früher krumm war, gerade oder umgekehrt. Aber wo haben die das nur her, die Kinder?

Von den Kindern natürlich! Und die wieder von den Kindern und Kindern und Kindern. Bis wir irgendwann und irgendwo auf einmal mit den Kindern in einer heiligen Messe gelandet sind. Der Pfarrer ist gerade dabei, die heilige Eucharistie zu feiern, in der vor den Augen der Gläubigen ganz normales, einfaches Bort und einfacher Wein in Leib und Blut Jesu Christ verwandet werden. Der feierlichste Augenblick der ganzen Messe! Während des Zauberns wird sogar geklingelt, im Zirkus machen die's mit einem Trommelwirbel spannend. Und man kann jetzt alles genau verstehen, was der Pfarrer da vorne sagt, wenn er zaubert. Blöd ist nur, daß das kein Deutsch ist, was er da spricht. Lateinisch soll es sein. Aber ganz klar zu verstehen! Wenigstens der Anfang! Man kann ja nicht alles behalten als kleiner Junge: »Hoc est corpus meus!«

Also wie war das noch: »Hoc us corpus« und dann? Hocus pocus! Egal! Vielleicht reichen die ersten Worte auch für ein kleines Wunder. Mal sehen, ob wir das zu Hause oder beim Kasperltheater nicht genauso hinkriegen! Wär' doch gelacht!

Vierzehn Englein um mich stehn

Oh, meine Kinder lesen den letzten Mist! Bunte Hefte für Drei- bis Achtjährige, in denen die Hauptperson, ein sogenannter Bussi Bär, mit seinem Wolkenauto im Himmel den Kindern auf der Erde in all ihrer Not zur Hilfe kommt. Und dieser Schwachsinn ist sogar noch wissenschaftlich empfohlen als Spiel- und Vorschule! Als wenn es nicht schon genug Schwierigkeiten machen würde, meinen Kindern die Existenz von Engeln und Gottesboten beizubringen, die fliegen können. Bussi Bär erschwert und erledigt dieses Thema für mich in Tateinheit mit seinem Wolkenauto. Fertig, aus!

Nachdenklich werde ich jedoch, wenn ich mir überlege, daß es in den Kinderseelen offenbar einen Markt, oder sagen wir besser, eine Marktlücke geben muß von himmlischen Helfern und Boten, die ihnen in der Not beistehen. Ein Markt oder eine Lücke, die wir Erwachsenen mit Engeln und Gottesboten, sein sie, wie sie seien, nicht gefüllt haben. Wir sind ja schließlich klug und groß und vernünftig geworden und geben solch einen offensichtlichen Unsinn von Engeln und himmlischen Wesen nicht an die nächste Generation weiter. Denn die Kinder, so hört man, können sich ja nicht wehren. Und also greift der alte Mechanismus: Wo der Glaube nicht Besitz ergreift, weil er nicht weitergegeben wurde, da macht sich der Aberglaube dick und breit. Und unsere Kinder krempeln sich auf dem Schulhof die Ärmel auf und rufen Himan und Batman um Hilfe und warten auf Bussi Bärchen, wenn die Not am größten ist! Ich könnte an die Decke gehen!

Hoffentlich sehen mich meine Kinder nicht dabei!

Christus mit i

Miriam lernt jetzt lesen und schreiben. Die ersten kleinen Diktate sind fällig. Null Fehler machen, unbedingt null Fehler machen, ist ihr Ziel. Und wie immer im Leben, das bei ihr gerade angefangen hat, geschehen eben dann die meisten Fehler oder Flüchtigkeitsfehler, wenn man verkrampft, verhärtet, nicht locker genug auf das Ziel zusteuert. Und prompt hat sie ausgerechnet beim Christuskind das i von Christus vergesssen!

Der erste, der das verzeiht, ist sicherlich Christus selbst. Der geht weiterhin davon aus, daß »nobody perfect« ist. Die zweiten, die das nicht übelnehmen, sind wir Eltern. Bei der

Lehrerin weiß ich es nicht ganz genau, schließlich benutzt sie schon seit Jahren rote Tinte und Zensuren. Da hat sich schon was eingefahren. Aber Miriam selbst, die vergibt sich das nie und nimmer. Wenigstens nicht so schnell. Hilfe, über die Hälfte der Klasse hat Null Fehler! Und ich, ich habe Christus ohne i geschrieben! O Gott!‹

Jetzt soll sie, sagt ihre Lehrerin, eine Verbesserung machen und Christus ein paarmal mit i schreiben! Als wenn sie zu doof wäre, Christus zu schreiben! Wer hindert eigentlich so manchen Pädagogen daran, sein Handwerk zu können und den Christus da und dort versteckt zu wiederholen? Ich garantiere, der kann sich vor korrektem i nicht mehr retten.

Aber so ist nun mal das System: Die Kinder nur kräftig auf ihre Fehler stoßen und mit der Nase rein wie Hunde und Katzen in ihre Haufen, und die Sache wird schon besser. Das Leben später verfährt ja genauso. Immer feste druff! Immer auf die Fehler! Und da wundert man sich später, wo man das her hat, andere Leute ständig auf ihre Fehler festzulegen. Und auf eine so nicht gewollte, makabre Art stimmt auf einmal der weise Satz: Nicht für die Schule, sondern für das Leben lernen wir. Aber wollen wir so ein Leben? Wollten wir es nicht ändern?

So ihr nicht werdet wie die Hunde

Wer dreimal sitzenblieb, drei Klassen wiederholen mußte, und trotzdem Lesen und Schreiben lernte, hat erst einmal das Recht auf seiner Seite, an unserem Schulwesen herumzunörgeln. Es kommt doch nicht von ungefähr, daß viele kreative Menschen in unseren Schulen keine Förderung erfuhren. Für mich waren Schuljahre Galeerenjahre. Und jetzt sind meine Kinder auf der Galeere. Oft denke ich, es ist dasselbe Schiff.

Warum bekommen unsere Kinder eigentlich unter jeder Klassenarbeit einen sogenannten Zensurenspiegel, einen Stempel, der zeigt, wieviele in der Klasse eine Eins, Zwei, Drei, Vier, Fünf oder gar wieviele eine Sechs geschrieben haben? Ein Blick und du weißt über den Platz deines Kindes in der Hackordnung der Klasse Bescheid. Oh, die Deutschen mit ihren Traditionen, die Eltern als Büttel preußischer Schulpolitik einsetzen!

Ist doch so praktisch, nicht nur einmal im Jahr blaue Briefe zu bekommen, sondern nach jeder Klassenarbeit! Da kann dann gehörig Druck gemacht werden. Sozusagen ein bißchen in die Waden zwicken und auch mal ein bißchen bellen, damit das liebe Kind wieder zur Herde aufschließt. Bellen, auf jeden Fall bellen! Ohne den Überblick zu haben, ob der Klassenhirte vielleicht mit der ganzen Herde zu schnell zieht. Wir sollen Druck machen! Druck kann ja nicht schaden! Druck hat noch keinem geschadet. Schließlich sind wir so auch ganz natürlich und erfolgreich auf die Welt gekommen. Also Druck machen, damit die Kinder möglichst früh die Einsteinsche Relativitätstheorie verstehen. Wovon Einstein sich doch gar keine Zukunft versprach. Vielmehr sah der doch nur dann eine Zukunft, wenn wir Menschen quasi einen ethischen Quantensprung schafften! Doch die alte Galeere rudert unbeeindruckt weiter im neunzehnten Jahrhundert rum.

Auge um Auge zudrücken

Die Nachrichten machen mich nachdenklich. In den USA wird wieder ein Mensch hingerichtet. Und in unserem Land wächst die Zustimmung.

Wenn mir einer meine Töchter schändet oder umbringt,

dann bin ich sicher, daß es mir wenigstens für Augenblicke nicht anders gehen wird als den Angehörigen solcher Opfer. »Siebenmal müßte man den Mörder umringen! Siebenmal! Nicht einmal! Einmal umbringen reicht ja gar nicht!« Als wenn wir in extremen Situationen unseres Lebens wissen, daß das Einmaleins der Vernunft nicht reicht. Rache! Siebenmal Rache! So denken Millionen. Und mit diesem spontanen und ursprünglichen Gefühl wird unsere Menschengeschichte vor aller Zeit auch einmal angefangen haben. Vor aller Rechtsordnung, vor allen Gesetzen. Wo nur das Gesetz des Stärkeren zählte. Tötest du mir eins, dann sieh dich vor! Es hat Jahrtausende unserer Geschichte gedauert, bis dieses Gesetz der Wildnis abgelöst werden konnte durch einfaches Recht: Wenn du mir ein Auge zerstörst, hab' ich das Recht, dir auch eins auszureißen! Eins zu eins! Mehr nicht, aber auch nicht weniger! Auge um Auge, Zahn um Zahn! Das war, vor bald viertausend Jahren in der Halbwüste Israels formuliert, ein Fortschritt! Nicht mehr Rache, sondern Recht! Das war ein Durchbruch: Weg vom spontanen Gefühl, das Jahrtausende galt, Richtung Recht!

Um diese Zukunft für alle zu bahnen, Frieden statt Rache, geht dann wieder zweitausend Jahre später Jesus einen gehörigen Schritt weiter. Frieden wird es nur geben, wenn das Opfer und nicht der Täter, das Opfer also bereit ist, einen weiteren zusätzlichen Schmerz auszuhalten. Nicht nur der Schmerz auf der rechten Wange, sondern die linke muß auch herhalten! Bereit für einen zweiten Schmerz! Erst der zweite Schmerz bringt die Chance für ein neues friedliches Stück Leben. Vom Opfer und seinen Angehörigen verlangt Jesus den ersten Schritt, nämlich die Bereitschaft den zweiten Schmerz auszuhalten.

Wenn die Mutter eines rücksichtslos niedergeschossenen Jungen nach Tagen voll heftigster Rachegelüste gegenüber dem Mörder ihres Sohnes allmählich ruhiger wird und Zorn, Wut und Ohnmacht langsam abgelöst werden von Tränen und Trauer, und sie auf einmal die Mutter des Mörders besuchen will, dann versucht sie, Jesu Weg zu gehen. Nicht um Vorhaltungen zu machen, will sie hin, sondern sie sagt: »Wir sind doch beide Mütter!« Vorsichtig hält sie die zweite Wange hin. Sie ist bereit für den Schmerz, der jetzt auf sie wartet. Später hat sie sich aufgemacht, um auch mit dem Mörder ihres Jungen zu reden. Das ist der Weg! Wir suchen doch immer Helden!? Sie sind längst unter uns!

Geister 1

Ich bin zehn Jahre und sitze allein im Flugzeug nach Finnland. Eine alte Propellermaschine. Ich bin unterwegs zu einer finnischen Familie mit gleichaltrigen Kindern, die mich über meinen Vater eingeladen haben, den Sommer über mit ihren Kindern zu spielen, damit ihnen der Sinn des Deutschunterrichts in der Schule klar wird. Mein Vater scheint dieses weite stille Land und seine Menschen zu lieben.

Als ich glücklich gelandet bin, wollen alle gleich meinen Vater zu Hause anrufen. Ich winke ab. Das könne man sich sparen. Meinem Vater sei ich egal. Er interessiere sich nicht für mich. Entsetzen oder Erstaunen kommt auf die Gesichter der Gastgeber. Und ich höre, daß er vor wenigen Minuten seinerseits schon angerufen habe, ob ich gut gelandet sei. Merkwürdig! Ich vergesse das nie. Später sehe ich darin einen weißen Kieselstein, den irgendwer für mich auf meinem Weg hat fallen lassen, damit ich eines Tages meinen verlorenen Vater wiederfinde.

Der Sommer geht vorbei, und ich muß wieder nach

Hause. Es wird über dreißig Jahre dauern, bis ich wiederkomme. Und all die Jahre trage ich seitdem ein Bild in mir, wo ich glücklich leben möchte: In einem kleinen Holzhaus am See wie in Finnland! Wo die Wellen des Sees abends gegen den Kieselstrand laufen und man ruhig wird. Gerade zur richtigen Zeit. See und Seele, lerne ich später, haben eine gemeinsame Sprachwurzel. Sie sind verwandt. Wieder eine bleibende Erinnerung, daß wir alle aus dem Wasser kommen!

Ob mein Vater die Seen genauso tief empfand wie ich? Gut, er hatte wohl auch eine Freundin hier oben, die er sehr lieb hatte. Aber sie wird eher das Grundgefühl, hier mitten auf der Lebensreise ein Zuhause gefunden zu haben, komplett gemacht haben. Das stille Land mit seinen Menschen brachte den schweigsamen Mann wohl zum Reden. Als wenn das Land zuhört.

Als ich jetzt wieder nach Finnland reise, habe ich das Gefühl, zu meinem Vater zu reisen. Das Flugzeug fliegt über die unendlichen Seen, hoch über dem Land, und ich bilde mir ein, daß dies jetzt, aus noch größerer Höhe, auch mein Vater so sieht. Ich mache mich damit vertraut, daß er sich nach seinem Erdenleben an diese Stelle der Erde zurückgezogen hat. An eine Stelle, wo er am glücklichsten war. Er ist mir nah. Es ist wie ein Wiedersehen nach langen Jahren. Ende der Eiszeit zwischen Vater und Sohn. Ich weine in diesen Tagen und bin glücklich.

Geister 2

Mein Vater hatte schon während seiner eigenen ansonsten langweiligen Beerdigung seine Lebendigkeit signalisiert und eine dicke Stubenfliege ständig um seinen Lieblingssohn, meinen ältesten Bruder kreisen lassen. Die hatte einen eindeutigen Auftrag in eindeutiger Mission. Rundkurs Matthäus 3,17: »Das ist mein lieber Sohn, an dem ich Wohlgefallen habe!« So lautete das Bibelmuster, das hier schmunzelnd variiert wurde. Einsetzungsworte des Vaters bei Erb- und Arbeitsantritt des Sohnes am Jordan! Ob nun unbedingt Taube wie bei Matthäus oder ob auch eine Stubenfliege reichen könnte, überlassen wir den Bibelauslegern. Die sollen sich doch meinetwegen mit Rudolf Steiner streiten, der die Anwesenheit Verstorbener bei der eigenen Beerdigung für nur dann als gegeben und wahrscheinlich hinstellt, wenn es für die Verstorbenen selbst interessant ist. So frei sollen dort drüben die Bräuche sein!

Meine Frau und ich aber, die wir bei der Beerdigung in der zweiten Reihe sitzen, stupsen uns an. Wir sehen beide die dicke Fliege und lächeln getröstet. Eine Fliege zu nehmen, denke ich, spricht eigentlich eher schon für die offenbar ausgelassene Stimmung der frisch Verstorbenen: Fliege für »Fliege!« Tauben in der Kirche sind immer gleich so tiefschürfend geistlich.

Später am Nachmittag, als sich die ganze Familie im Garten unter Vaters Pflaumenbaum versammelt hat, singt unter strahlend blauem Sommerhimmel eine schwarze Amsel ihr Regenlied. Diesmal bekommen es alle mit.

Geister 3

Und wenn es wirklich Dinge zwischen Himmel und Erde gibt, die nicht im Theologiestudium vorkommen?

Meine Frau und ich sind für ein halbes Jahr aus dem Pfarrhaus raus und haben uns in Berlin einquartiert. Unser Kind soll zur Welt kommen, wo meine Frau geboren ist, und wir wollen Zeit dafür haben. Es trifft sich günstig, daß ich ein Studiensemester einlegen kann, wo ich fern aller grauen Praxis bunte Theorie studieren kann. Doch da ist nichts im Vorlesungsangebot, das mich reizt. Mich fasziniert ein einfacher Zettel am schwarzen Brett, Rubrik Ethnologie, der zu »schamanistischen Reisen« einlädt. Schulweisheit läßt ja nicht träumen!

Ich gehe hin und lerne die verrücktesten, liebenswertesten Leutchen kennen und erlebe mich Wochen später auf dem Fußboden sitzend und trommelnd meine »Schutzgeister« aufsuchen. Ich erlerne eine indianische Trancetechnik und verirre mich in meinen verkrampften Bemühungen, meine tierischen Schutzgeister kennenzulernen. Dabei narren die mich nur, oder sie spielen mit mir wie die Kinder. Als ich gerade aufgeben will, begegnen sie mir unerwartet im Traum. Ich sehe ein Waldstück, das mir bekannt vorkommt. Nach dem trainierten Ritual erwarte ich ein Tier. Und irgendwo aus meinen Tagträumen taucht tatsächlich ein Hirsch auf. Ich erkenne die Umgebung. Der Hirsch tritt von links auf den Weg, sieht mich an, nickt und verschwindet gelassen im Dickicht rechts des Weges. Mehr nicht! Aber so war er mir Wochen vorher angekündigt worden. Wenn er kommt, dann so! Ich erzähle meiner Frau davon. Sie selbst wollte, hochschwanger wie sie war, lieber nicht teilnehmen, war aber eifrig erpicht, von meinen Erfahrungen zu hören.

Sechs Wochen später! Nach der Geburt des Kindes und der Wiederaufnahme der Pfarramtsarbeit war der Kurs fast vergessen, als ich mit einem Freund rein zufällig(?) die Waldstelle passiere, wo mir viele Wochen vorher der Hirsch im Traum begegnete. Da bricht er am hellichten Tag an derselben Stelle von links durch das Dickicht auf den Weg, scheint kurz zu grüßen und verschwindet wie in meinem Traum auf der anderen Seite. Nie hab' ich in freier Wildbahn jemals einen Hirsch gesehen. Nie vorher und nie nachher! Ich halte mich an meinem Begleiter fest und bitte ihn, das, was er eben mit mir erlebt hat, meiner Frau zu berichten. Ich kann's nicht fassen! Mir »Aufschneider« würde sie die Geschichte schwerlich glauben.

Ich kann die Erfahrung nicht einfach beiseite legen, als hätte es sie nie gegeben. Die Mythologie und Medizin der Indianer nehmen in ihrer sogenannten primitiven Sprache und in ihren Bildern wohl nur unsere biblisch geprägten Bilder vorweg. Die Religion von morgen wird sie brauchen, um sich von ihrem engen Alleinvertretungsanspruch und theologischen Doktrien zu befreien. Warum darf nicht jede Kultur zu jeder Zeit den Gott des Himmels und der Erde auf ihre Weise verstehen und rufen? Wahrscheinlich treten wir in diesen Jahren aus dem übermäßig Jesus Christus zugewandten Zeitalter des zweiten Glaubensartikels in das Zeitalter des dritten Glaubensartikels, in das Zeitalter des Pfingstgeistes ein. Es wird spannend; denn der Geist weht bekanntlich, wo er will.

Sternzeichen: Widder

Horoskope lese ich fast immer. Das darf ich eigentlich nicht! Horoskope lesen ist unseriös! Weiß ich! Aber ich bin eben selber auch ein bißchen unseriös. Und so lese ich eben auch unseriöse Sachen.

Natürlich weiß ich auch, wie die geschrieben werden. Ich habe lang genug in Redaktionen gearbeitet. Und dennoch lese ich sie. Ich bin und bleibe eben ein bißchen unseriös. Und ich in Widder! Widder im Sternzeichen! Und im astrologischen Einmaleins muß das soviel heißen wie ungeduldig, mit dem Kopf durch die Wand, kreativ, immer

Aufbruch, immer vorneweg! – Stimmt, denk' ich immer! Schon in den ersten Zeugnissen stand: »Fliege ist leicht vorlaut!« Und daß die Lehrerin von damals ganz gewiß kein Widder war, zeigte sich immer darin, daß sie das jedes Jahr ohne alle Kreativität wiederholte: »Fliege ist vorlaut« usw.!

Aber hält man sich mit den astrologischen Charaktereigenschaften nicht auf ganz moderne Art ein paar Entschuldigungen dafür, daß man so ist, wie man eben ist? Unseriös, vorlaut, kreativ?

So wie oft Vater und Mutter herhalten müssen, um alles zu entschuldigen: »Ich bin ein ungezogenes Kind, weil meine Eltern Säufer sind!« (Ringelnatz), so sind auch die Sterne dran. Mit denen muß man sich dann auch nicht mehr auseinandersetzen wie mit Vater und Mutter! Die wahren Ursachen für meine Schwächen und Stärken liegen nicht mehr bei mir vor der Haustür und unter Vaters Tisch, sondern Lichtjahre entfernt! Da kann man nichts machen!

Oder steckt vielleicht in meiner Lust, Horoskope zu lesen, auch ein bißchen Faulheit? Oder liegt der Hund nur darin begraben, daß es einfach zu wenig Menschen gibt, die sagen: Fliege, so wie du bist, bist du zwar nicht okay, aber das macht nichts! Und weil es eben so wenig Menschen sagen, laß ich es mir Tag für Tag und Woche für Woche von den Sternen zublinzeln. Ich brauche das.

Daß diese alte orientalische Weisheitslehre von den Einflüssen der Planeten auf unser Leben am Ende nicht nur aus der Luft gegriffen ist, deuten die drei Weisen aus dem Morgenland an, die auf just diese Art und Weise nicht nur nach Betlehem finden, sondern über Betlehem auch den Weg in die Bibel und so ins ihnen auch so fremde Christentum. Vielleicht gibt es wirklich einen Zusammenhang zwischen den umeinanderschwirrenden Planeten und den in jedem Atom herumschwirrenden kleinsten Teilchen? Sie sind doch schließlich beide von derselben Firma bzw. vom selben Hersteller! Solange es was bringt, wenden wir's an. Wie Homöopathie! Egal, was die Schultheologie sagt.

40 Jahre und kein bißchen weise

Ich bin so alt wie unsere Republik. Als wir beide vierzig wurden, habe ich überlegt, was ich unserer groß gewordenen Republik zum vierzigsten Geburtstag schenken könnte. Wo es ihr doch nicht anders ging als jedem Vierzigjährigen in der Midlife-crisis. Sie brauchte eigentlich nichts mehr, hatte alles erreicht und mehr als genug und schrie doch ständig: »Mehr, mehr, mehr!« Mehr Geld! Mehr Freizeit! Schnellere Wagen! Breitere Bahnen!

Bei Menschen um die vierzig habe ich gute Erfahrungen damit gemacht, zum Geburtstag Erinnerungen an die eigene Kindheit zu schenken. Nostalgie hat so einen bremsenden, beruhigenden Einfluß! Also zum Trödler gehen und kramen und überlegen, was könnte ich denn der sehr mobil und fidel gewordenen Gesellschaft in der Mitte des Lebens zum vierzigsten Geburtstag schenken? Was könnte denn ein früher Spielkamerad gewesen sein? Irgendein Bär oder Tretauto? Und ich finde ein altes Kinderbuch: »Der kleine Hävelmann!« Seine Bilder habe ich nie vergessen. Die Geschichte vom kleinen Hävelmann, der nachts in seinem fahrbaren Kinderbettchen aufwacht. Und der Vollmond scheint durchs Fenster, und der Kleine wird verrückt, mondsüchtig: Fahr mich, wieg mich, schieb mich! Los! Da juckt es dem Kleinen zum erstenmal im Leben in den Beinchen. Und ab geht die Fahrt! Mehr, mehr, mehr! Die Wände rauf, die Wände runter, mehr, mehr, mehr! So schnell kriegt ein kleines Menschenkind den Hals nicht voll. Mehr, mehr,

mehr! Durchs Fenster hindurch, in die Welt hinein, zu den Sternen hinauf! Von null auf dreißigtausend Kilometer pro Stunde in Bruchteilen von Sekunden. Und der kleine Mensch strahlt und der Mond warnt.

Und dann, vierzig Jahre später, fasse ich mich an den Kopf. Ich bemerke überhaupt zum erstenmal den sprechenden, warnenden Mond. Vierzig Jahre habe ich dafür gebraucht. War ich taub? War ich all die Jahre besessen vom Rausch nach mehr, mehr, mehr und schneller, weiter, höher? Vierzig Jahre und kein bißchen weise, ein Kind dieser kriselnden Republik und immer noch das Gefühl »Das kann doch nicht alles gewesen sein!« Und Midlife-crisis entpuppt sich auf einmal als alte Kinderkrankheit. Als wenn nicht hinter jedem erfüllten Wunsch ein noch größerer auftauchen würde! Als wenn wir nicht für alles bezahlen müßten! Wer Rausch sät, wird doch niemals Ruhe ernten! Ob man erwachsen geworden ist, merkt man daran, daß man sagen kann: Es ist genug!

Die Reise

Die tiefste Erfahrung jeder Religion ist, daß das Leben am besten wie eine große Reise angegangen werden kann. Irgendwo sind wir unterwegs. Von irgendwoher nach irgendwohin. Erleuchtet auf diesem Weg sind gerade ein paar Jahre um uns herum. Wie meine Straßenlaterne den Heimweg meiner Kindheit aus dem Dunkel des Abends holte. Start und Ziel der Reise aber liegen im dunkeln.

Und was wir lernen müssen, ist nichts anderes als die Grundgesetze des Wanderns und Reisens: Abschied nehmen zu seiner Zeit! Das ist so schwer zu lernen. Das Herz weiß Bescheid. Ich kann's oft dennoch nicht!

Loslassen und die Hände ausstrecken für jeden neuen Anfang, für jeden neuen Menschen, das ist so schwer. Tausend Sachen abschütteln, ob sie nun gerade sichtbar oder unsichtbar sind, die wir auf der Reise nicht mehr brauchen können, ist so hart.

Gepäck, das uns hindert, aufrecht zu gehen oder zumindest so aufrecht wie möglich zu gehen, gibt es reichlich. Man geht auch krumm, wenn man die Lasten des Lebens nicht auf den Schultern, sondern auf dem Herzen trägt. Schauen Sie sich nur um! Den Körper kann man nicht betrügen, der weiß zuviel! Der war eben überall dabei!

Das Leben als Reise! Als wenn die großen Religionen der Weltgeschichte nur immer wieder neu inszenieren, daß unsere Ahnen als Jäger und Sammler tatsächlich unterwegs waren. Nomaden des Lebens mit Zelten und Tieren, sind sie unterwegs zu neuen Weideplätzen, um lebendig zu bleiben! Und ihre Zauberer, ihre Schamanen, ihre Medizinmänner und -frauen, treiben sie immer wieder an, wenn sie bleiben wollten. Denn bleiben bedeutete sterben. Manchmal droht einem eben das alte Wissen von der großen Reise verloren zu gehen. Einfach, weil man bleiben will. Die Menschen sind gut, der Wein schmeckt, was soll das ganze Reisen? Es schmerzt so! Es ist so mühsam und voller Strapazen! Vielleicht kann ich das Leben anhalten. Vielleicht übersieht es mein Halten? Doch das Leben übersieht nichts!

Das Leben schickt umgekehrt unübersehbare, unüberhörbare Signale zum Aufbruch! Es sendet nicht nur unangenehme, sondern auch verlockende: Urlaub zum Beispiel, wenn man unruhig wird, weil die Ferne lockt, das neue und das einfache Leben. Da kommt es dann wieder, das alte, fast zugepflasterte und zugebaute Wissen, und bietet mitten in der goldenen Stadt wieder seine ursprüngliche Erfahrung an: Nimm Abschied, laß los, komm, streck' die Hände nach neuem Leben aus! Ohne Vorgärten! Direkt! Du wirst auf neues Leben stoßen!

Keiner kann das Leben anhalten oder es gar verlängern. Aber wer es als Reisender lebt, wie ein Pilger, der von irgendwoher kommt und irgenwohin zieht, der wird es vertiefen können.

Geh!

Weisheitslehren aller Kulturen sind im Grunde konservativ. Sie lehren das Überleben auch unter scheinbar unerträglichen Bedingungen. Sie lehren das Sichfügen, wenn es keinen Ausweg gibt. Das passiert ja dann und wann immer wieder und einmal sowieso. Weisheitslehren lassen sogar auf dem Weg ins Feuer singen, daß es eben immer schon ein Geheimnis war, warum die einen wie freie »fejgl, oifn himl« leben und die anderen im Dunkeln wie weinende »kelbl«, die zur Schlachtbank geführt werden. Unergründliche Geheimnisse des Lebens! Weisheit ist nicht umstürzlerisch. Sie lehrt so mindestens die Hälfte der Kunst zu leben. Revolutionen sind aus anderem Stoff. Sie sind nicht weniger notwendig und Not wenden könnend, aber eben auch nur die Hälfte des Lebens, Tag oder Nacht!

Meditation

Ich liebe jüdische Weisheiten, die einen einzigen Satz in die Mitte ihres Interesses stellen und so lange um ihn rumwandern können, bis er spricht, ihn so lange meditieren, bis er seine Kraft zeigt, so lange an ihm herumspinnen, bis aus vermeintlichem Stroh tatsächlich Gold wird. Da steht zum Beispiel ein bekannter, hölzerner Satz ganz am Anfang der Bibel, in dem Gott zu Abraham sagt: »Geh aus deinem Land, von deiner Freundschaft und aus deinem Vaterhaus in das Land, das ich dir zeigen werde.« Also: Geh, geh, geh!

Dreimal! Warum sagt Gott der Allmächtige nicht simpel und einfach: Geh aus deinem Land? Das andere passiert dann doch eh automatisch? Gott ist doch sonst nicht so umständlich! Genau das wurde der alte Rabbi Sussja, der für seine

Weisheit berühmt war, gefragt, und der antwortete: Keineswegs! Um lebendig zu bleiben, muß du zuerst einmal das Land, in dem du groß wurdest, verlassen. Geh! Du siehst erst von außen, in der Fremde, wie klein es ist, wie eng und wie es dich gefangen hält in manchem Irrtum. Und dann mußt du auch von deinen Freunden weg. Geh! Denn die haben dir, ohne daß sie es wollen natürlich, auch manche falsche Sicht verpaßt, wohlwollende Scheuklappen des Lebens trägst du! Und endlich mußt du von zu Hause weg, hörst du, von zu Hause. Das sind der Irrtum und all die Fehler, mit denen du groß geworden bist: Vaters Fehler, Mutters Fehler und die der ganzen Familie. Geh! Und erst dann, wenn du alle drei einmal verlassen hast, kannst du wie Abraham in ein Land und in ein Leben gehen, das Gott dir zeigen wird.

Helden

Die Bibel ist ein Aufruf, ein einziger Rat, auf dieser abenteuerlichen Menschenreise, mutig zu sein und mit den Jahren sogar ein Held zu werden! Ein Held soll man werden, der für etwas einsteht und nicht umfällt, der Rückgrat zeigt und dabei als Lohn immer mehr Geheimnisse des Lebens entdeckt, für die es sich lohnt zu leben. Leben wie im Märchen! Wie in »Rotkäppchen« sich nicht verführen lassen. Wie beim Gleichnis vom barmherzigen Samariter barmherzig zu sein. Und und und . . .

Und immer wieder und vor allem: Nicht feige sein! Und wenn die Welt voll Teufel wär! Und wenn man dann mal wieder in seinem verworrenen Leben nicht weiß, wo es langgeht, rechts oder links, mit diesen oder mit jenen? Wer sind die falschen und wer die richtigen Freunde? Welcher ist der Heldenweg und welcher der Höllenweg? Da hilft oft genug ein inneres Spieglein. Da stelle ich mich hin und frage den, den ich da im Spiegel erblicke, auf wen er denn stolz sein würde, wenn er diese oder jene Entscheidung getroffen hätte? Da kommt die Antwort oft in einer Klarheit, die man gar nicht erwartet hat, weil das Leben und die Entscheidungen doch so kompliziert scheinen. Und es kommt eine Antwort, die erschreckt.

Vor dem inneren Spiegel weiß man schnell, wo es langgehen soll. Und man erfährt, daß man zwar den Weg jetzt weiß, aber der Mut fehlt, ihn auch zu gehen! Tausend Gründe fallen dem klugen Kopf ein. Tausend Gründe, nur kein Mut! In solchen Zeiten müssen die alten biblischen Heldengeschichten erzählt oder gelesen werden. Sie sind hilfreich, ermutigend und gute alte Medizin, die das Immunsystem der Seele stärken und unangreifbarer machen. Da erfährt man dann, daß ein Menschenweg immer voller Prüfungen ist und niemandem ein Rosengarten versprochen wurde! Das schafft Orientierung! Hier bin ich also: Wo das Leben in mir wieder einmal wissen will, ob ich noch zu ihm halte oder mich schon habe kaufen lassen.

Also los! Tief Luft geholt wie immer, wenn die Angst einem die Kehle abschnüren will, und den Weg gewählt, der allen Mut fordert. Und Berge werden klein und Abgründe schütten sich zu.

Auf Leben und Tod

Wie sinnvoll ein Bad nach langer Pilgerreise ist, bevor man das Heiligtum betritt, muß man nicht lange begründen. Der Staub und Dreck der Reise muß erst fortgespült werden, bevor ein neues Stück Leben angefangen werden soll. In unserer christlichen Tradition jedoch wäscht allein der Bischof von Rom einem Pilger die Füße. Einmal im Jahr! Und der Spötter in mir fügt hinzu: Ob nötig oder nicht!

Die Indianer Nordamerikas belassen es beim Saubermachen nicht bei der Oberfläche der Haut. Sie steigen, um rein zu werden und so zu den Geistern zu kommen, sogar in die Schwitzhütte, damit ihnen der körpereigene Schweiß alles Gift der vergangenen Zeit aus dem Leib spült. Reif werden für den Geist durch heilige Waschungen von Leib und Seele. Auch Jesus fand diese Tradition vor am Jordan des Johannes. Und was macht er damit? Er »setzt noch eins drauf«, veredelt wie so oft alte Traditionen. Eine neue Blüte wächst aus dem alten Rosenholz. Jesus weiß wohl schon, daß wir Menschen alle aus dem Wasser kommen, alle zusammen, und jeder aus dem Bauch der Mutter, auch ganz allein für sich. Jesus scheint zu wissen, daß wir am Ende wohl wieder durch den Jordan, durchs Wasser also, zurück müssen. Alle zusammen, und auch wieder jeder für sich.

Reinwerden heißt seit Jesu Worten am Jordan, daß es für einen Menschen nicht reicht, einmal durchs Wasser zu müssen, um geboren zu werden und zu leben. Um lebendig zu bleiben, wird er immer wieder durch Situationen müssen, in denen ihm das Wasser überm Kopf zusammenschlägt und ihn umzubringen scheint. Auch eine Angst, die mir nicht fremd ist!

Ich habe mich immer davor gefürchtet. Aber die größte eigene Angst aufzusuchen bedeutet, daß man den Weg zum Fluß gefunden hat und jetzt am Ufer sitzt und springen muß. Jetzt nur zu diskutieren, dreimal pro und zweimal contra, bedeutet auf Zeit spielen, und gefährdet das Leben so, wie übertragene Babys ihr eigenes und das Leben der Mutter gefährden. Wer aus Angst diskutiert, wird, solange er redet, nicht geboren. Flußdämonen lassen sich nicht wegdiskutieren. Es geht immer durch Tod und Abenteuer zur Auferstehung. Das kann man nicht lernen, das muß man erleben. Also predigen wir den Kindern auch nicht die Taufe, sondern wir taufen sie. Für sie ist das immer ein Abenteuer. Wir tauchen sie unter Wasser wie zum Beispiel die orthodoxen Christen oder die Baptisten, damit sie eine Erfahrung mehr und eine Predit weniger haben. Die Taufe ist für sie wie ein Modell für die Reise des Lebens. Die Form, die sich immer wiederholt.

Am Anfang war das Wort . . .

. . . und nicht die Bibel! Die Bibel ist eine verhältnismäßig neue Erfindung, so neu wie Lesen und Schreiben eben neu sind. Ihre ältesten Teile sind gut 3000 Jahre alt. Das ist nicht viel. Vorher haben die Menschen das gemacht, was die Gallier auch gemacht haben, bevor die Römer kamen und ihnen Lesen und Schreiben beibrachten und ihnen ihre Identität damit nahmen: Sie haben gebetet, gesungen und erzählt! Die Römer aber haben sie verstummen lassen. Die Gallier waren genau wie ich, als ich noch nicht schreiben konnte. Genau wie alle Kinder, die nicht lesen und schreiben können. Und je mehr Bücher, Geschichten und Lieder, Psalmen und Evangelien, Stein auf Stein, zu einem festen Lehrgebäude zusammengefügt wurden, desto mehr verflüchtigte sich die ursprüngliche Erfahrbarkeit Gottes. Das Volk Gottes verstummte, je mehr es zu lesen und zu schreiben vermochte.

Die Bibel entstand in ihren Anfängen zur selben Zeit wie der Tempel in Jerusalem. Aus dem freien Nomadengott der Halbwüste und Wüsten wurde ein Stein-auf-Stein-Kult im Jerusalemer Tempel. Und was der Tempel für den Wüstengott und seine Propheten, wurde die Bibel für Juden- und

Christentum. Beiden Religionen wurde es das Medium schlechthin: Zuerst Tempel und die geschriebenen Mose-Gesetze für die Juden und Jesus Christus als das aufgeschriebene Wort Gottes für die Christen. Beide zementierten lebendige Religion. Beide zentrierten ihre Religion. Den Tempel schleiften dann die Römer. Da blieb den Juden immer noch der Buchstabentempel der Heiligen Schrift, den die Christen in ihrem Gefolge mit ihren »umfangreichen Anmerkungen« übernahmen.

Jetzt, im Zeitalter der elektronischen Kommunikation, von Video, Satelliten und Kabelfernsehen, in dem kein Mensch mehr lesen und schreiben können muß, um zu wissen, was los ist in der Welt, hat das Medium Buch seinen Dienst getan. Die Macht des Buchstabentempels verfällt in einem rasanten Tempo. Und keiner kann sich dagegen wehren. Die kirchlichen Versuche, die Bibel als Zentrum retten zu wollen, haben Rührendes. Die Zeiten der Bibel und Bücherreligionen als Maßstab und Mitte sind gezählt! Da hilft alle Reklame nicht! Je mehr Bibeln, desto weniger Frömmigkeit!

Die Zeit des Zusammenkommens, des Betens, Singens, Hörens und Erzählens bricht dagegen neu an. Die Zeit der Rituale und Zeremonien ist durch das Zwischenspiel des Mediums Buch nie außer Kraft gesetzt worden. Da geht's lang. Schaut doch nach den verlorenen Söhnen und Töchtern bei ihren schwarzen Messen um Mitternacht auf dem Friedhof! Was ist Punk und Tanzkursus anderes als die Wiederkehr der Zeremonie, die durch die Krisenzeit trägt?

Jägerlatein kommt von Kirchenlatein. Und alle, die Jäger kennen und Jägerlatein, akzeptieren zwinkernd, wie beim Erzählen einem Karnickel plötzlich die Beine lang werden und es zu einem Reh wird. Und aus dem Reh wird wiederum bald ein Sechzehnender. Hokus Pokus durch den Glauben, der lateinisch fidibus heißt. Und wie sieht das bei Kirchenleuten und Kirchenlatein aus? Wieviel Mäuse sind da beim Weitererzählen zu Elefanten herangewachsen? Was akzeptiert man da mittlerweile alles ungefragt. Hat das Volk etwa schon nach seinen leidvollen Erfahrungen mit aufschneidenden Jägern Abschied genommen von der Wahrheit des Kirchenlateins und seinem »lebendigen Gott«? Was wird aus dem lebendig erzählten Gott, während der Hirsch wieder zum einfachen Karnickel schrumpft? Reicht die erfahrbare Wirklichkeit etwa nicht, um die Größe Gottes zu beschrieben? Sind die Wunder der Schöpfung nicht groß genug? Ist der Himmel nicht endlos genug? Oder mißtraut man den eigenen Erfahrungen so sehr? Ich weiß es nicht. Ich ärgere mich nur, daß die halbe christliche Welt Latein redet, als wenn sie beim Arzt wäre. Der redet ja wohl deshalb so klug daher, damit ich mich als entsprechend dumm, abhängig, hilfsbedürftig und endlich auch zahlungsbereit sehe. Appendix statt Blinddarm! Urin statt Pipi!

Ganz und gar ärgerlich wird es dann da, wo man zwar behauptet, es mit Luther doch ins Deutsche übertragen zu haben, ich aber dennoch nur Bahnhof verstehe: Unverständliche Sätze am laufenden Band. Gebetsmühlen, gemurmelt von Kirchenbeamten auf Lebenszeit: »Daß Jesus für unsere Sünden ans Kreuz gegangen . . . und . . . und . . . und!« Ja, aber wieso denn, warum denn? Ich will das verstehen! Das Volk will das verstehen! Könnt ihr kein Deutsch, Kollegen, liebe Schwestern und Brüder?! Kann das denn keiner erklären? Wenn nicht, dann ist es Kirchenlatein, und wir glauben euch kein Wort mehr! Kein Wort! Kein Wort, hört ihr! So wenig wie den Jägern!

Duschen als Einstieg in Ekstase

Esoterik ist in. Mega-in sogar! Die Buchhändler und Verlage machen ein gutes Geschäft. Das gönne ich ihnen! Aber meistens liest man sich von Meister zu Meister, ohne daß die Erleuchtung wirklich die eigene Seele trifft. Sie kommt und kommt nicht. Und über glühende Kohlen laufen, Mondscheingottesdienste besuchen und Gläserrücken ist auch nicht jedermanns Sache. Spirituelle Erfahrungen machen ist eben gar nicht so einfach. Erfahrung kann man eben nicht erlesen. Erfahrung muß man erfahren! So einfach ist das! Aber wie? Und wo? Muß man da nach Tibet? Warum probieren Sie es nicht einfach mal mit duschen! Zugegeben, das ist weniger exotisch, ist auch zwei Nummern kleiner als Feuerlaufen in Griechenland, hat aber den Vorteil, daß Sie heute damit beginnen können. Ganz entspannt im Hier und Jetzt! Morgens, mittags und abends! Duschen als Einführung in spirituelle Erfahrungen für jedermann.

Jetzt höre ich immer die Einwände: Tausendmal geduscht, aber von einem spirituellen Erlebnis nichts wahrgenommen! Keine Geister, keine Engel oder Boten, kein Fliegen! Und wenn denn Schauer über den Rücken liefen, dann kamen die immer aus dem Wasserkran! Seien Sie bitte zu Anfang nicht gleich so anspruchsvoll. So gewaltig haben Sie doch nicht investiert. Kommt eben drauf an, was man spirituell nennt. Und ich versprach nur erste Schritte, ein erstes Gefühl, erschnuppern der Erfahrungsrichtung.

Also, wie erklären Sie sich denn den berühmten Gesang unter der Dusche? Und wer oder was in mir oder Ihnen läßt da eigentlich singen? Und warum gerade und immer jetzt, unter der Dusche? Und woher kommt das merkwürdige Gefühl nach dem Duschen, nicht nur außen porentief rein zu sein, sondern auch irgendwie drinnen, tiefer, unter der Haut? Die Stimmung drinnen ist doch anders nach dem Duschen! Frischer, reiner, sauberer, geklärter, obwohl man doch ganz dicht ist(?).

Ich jedenfalls freue mich darüber, daß ich mit ein paar ganz einfachen, alltäglichen Ritualen wie Duschen meine Seele erreichen kann. Oder meine Seele und mein tiefstes Empfinden mich erreichen und bestimmen, wo es langgeht, ohne das mein schwerer Kopf mitreden könnte. Meine Seele läßt ihn gar nicht zu Wort kommen. Sie läßt singen. Das geht allemal tiefer als nur bis in den Kopf! Ich singe! Welche Lieder eigentlich? Welche Stimmung? Welche Texte, welche Botschaften kommen da nach oben? Manchmal gehe ich ihnen entgegen, bin gar nicht mehr nur unter der Dusche, bin ganz weit weg, bin unter der Dusche und doch ganz weit weg. Und andere Menschen müssen mir dann sagen, was ich eben summte und sang.

Und wenn ich Glück habe und meine Seele es zuläßt, merke ich, wie ich singe und der ganze Dreck innen und außen Richtung Abfluß rauscht. Ich freue mich, lächle ein bißchen in mich hinein, sozusagen ein Dankeschön nach innen und denke: Ach, so oder so ähnlich muß es sein, sich reinigen zu lassen, rein zu werden, neu zu werden, heil zu werden, ohne sich verrückt machen zu lassen.

Von innen nach außen, bitte!

An öffentlichen Gebäuden ist das Vorschrift! Alle Türen, Haupteingänge, Nebeneingänge, Notausstiege, Feuerwehrausstiege, alle Türen gehen nach außen hin auf! Von innen nach außen! Ist ja auch klar! Aus Isolation und Gefahr immer ins Freie! Aus der Mausefalle hinaus in die Rettung! Aus dem Unheil hinaus ins Heil! Blöd ist nur, daß diese Regel, die bei Architekten und Häuslebauer unbestrittene Beachtung findet, weil es ja einleuchtend ist, beim Bau des eigenen Lebens nicht berücksichtigt wird. Bei der persönlichen Katastrophe werden die Türen immer nach innen geöffnet! Immer tiefer in die Seele geschaut, wieso und warum, weshalb und wodurch? Tür um Tür!

Woher kommt das eigentlich, daß man im privaten Leben das Heil bei sich selber sucht? Sozusagen in den Keller geht, um dort hoffentlich die Schlüssel zu finden? Ja, sogar eine ganze Kultur- und Heilsmedizin wird gegründet, die von der Krankenkasse anerkannte Türen nach innen vorschreibt? Kommt das vielleicht daher, daß wir um uns herum keine Gemeinschaft mehr kennen, die unsere inneren Katastrophen und Krankheiten auffängt? Gibt es keine Gemeinschaft, die innere Vergiftungen einzelner Mitglieder bei sich entweichen läßt, sobald man sich und seine Fenster öffnet? Im geistlichen Leben, im seelischen Leben gelten, denke ich, dieselben Gesetze wie in der Architektur. Und nur ein Mangel an funktionierenden Menschengemeinschaften verdanken wir die verrückte Idee, einer könnte sich retten, indem er in sich hineinkriecht. Niemand kann alleine warm werden.

Einen offenen Kamin in der Wohnung haben ist wunderschön. Ein deutliches Zeichen dafür, daß ein Feuer im Haus nicht nur den Körper wärmt. Schließlich werden solche offenen Feuerstellen doch immer da zusätzlich eingebaut, wo es längst Zentralheizung gibt. Aber Zentralheizung macht eben einsam! Jeder sitzt in seinem Zimmer allein. Mit dem offenen Feuer im Haus findet man eine Menge Erfahrung und Tiefe wieder, die im Komfortgefühl unterzugehen drohte.

Ein Feuer ist eine starke Kraft. Es hat Einfluß auf unsere Seelen. Feuer ist attraktiv. Es zieht an! Alle! Und so muß man sich gar nicht wundern, wenn auf einmal die ganze Familie zusammensitzt. Und man redet oder schweigt miteinander. Und die Wärme und Geborgenheit des Feuers und die Gemeinschaft hilft, sich vorsichtig zu öffnen, die Geschichte der anderen zu verstehen und die eigene Stück für Stück zu erzählen. Das wärmt. Und dann erst am Feuer sitzen und gar nicht mehr richtig mitkriegen, ob man nun allein da sitzt oder mit anderen zusammen. Das bringt oft noch weiter. Die Kraft der Flammen ist riesengroß. Sie kann alles auslöschen in eines Menschen Seele, was Angst macht, was quält, was streßt und fertigmacht. Man sitzt da, und die Zeit vergeht oder bleibt stehen.

Was weißt du schon davon, was merkst du schon davon? Niemand schaut auf die Uhr, solange das Feuer brennt. Die Zeit hat ihre Macht verloren. Das Feuer hat die Macht der Zeit gefressen. Das Feuer hat die Seelen von ihr gereinigt. Und Träume steigen auf. Alte Bilder, Erinnerungen, Nacht- und Taggeschichten: Muß ich vielleicht am Ende meines Lebens durch so ein Feuer? Muß ich dadurch, um in den Himmel zu kommen? Sie reden doch alle vom Fegefeuer?!

Was meinen sie damit? Vielleicht meinen sie diese reinigende Kraft der Flammen, die einen erleichtern können. Flammen, die alles verzehren, was krank und elend macht, verrückt und gequält? Fegefeuer wird nicht verbrannte Knochen meinen und stinkendes Fleisch. Fegefeuer meint doch eher ausräuchern, was krank ist. So, wie man einen alten Meisenkasten ausräuchert, um ihn für ein neues Leben zu präparieren. Das wird es sein! Fegen und Feuer!

Gut, es wird ein bißchen größer sein als dieses Feuer hier. Viel größer! Es muß ja auch mehr leisten als diese kleinen Hauskamine. Nicht nur die Zeit verbrennen, sondern alles, was überhaupt krank und elend macht. Aber am Ende wird der Jesaja-Satz wahr: »Wenn du durchs Feuer mußt, sollst du nicht verbrennen!«

Der unaussprechliche Gott

»Man sieht nur mit dem Herzen gut!« Hatte der Fuchs dem kleinen Prinzen gesagt. Und: »Die wirklich wichtigen Dinge sind für das Auge unsichtbar.« Die sieht man eben nur mit dem Herzen, mit Gefühl! Die sieht man mit Erfahrung, mit der Seele. Und alle Welt sagt: Wunderbar! Antoine de Saint-Exupéry, der du das Weisheitsbuch des zwanzigsten Jahrhunderts geschrieben hast, das Buch vom kleinen Prinzen in der Wüste: Du hast recht! Man sieht nur mit dem Herzen gut! Die wirklich wichtigen Dinge auf der Welt sind für das Auge unsichtbar! Genial! Und so wurde aus dem kleinen Prinzen ein Bestseller.

Und wenn das nun auch für den Mund gilt? Also nicht nur für die Augen? Wenn man die Weisheit des Fuchses variiert und sagt: Man spricht nur mit dem Herzen gut! Alles, was kein Herz hat, kein Gefühl, keine Empfindung, kannst du getrost im Halse stecken lassen! Das ist nicht wichtig! Nicht wirklich wichtig! Ist alles nur small talk! Oder Amtsdeutsch, Verlautbarung, Predigt oder was weiß ich! Scheppert wie eine kaputte Glocke! Denn das Herz ist nicht dabei! Also vergiß, was du sagen wolltest! Man spricht nur mit dem Herzen gut! Wenn das stimmt, dann stimmt vielleicht auch, daß die wirklich ganz wichtigen Dinge sogar unsagbar sind, so wenig in Worte zu fassen, wie sie für das Auge unsichtbar sind?

Dann kommt da auf einmal ein neuer Sinn rein, daß seit Jahrtausenden die Religionen sich weigern, sich überhaupt ein Bild von Gott machen zu wollen. Und die Juden auch nicht den Namen Gottes in den Mund nehmen wollen. Da ist doch was dran! Jeder mit ein bißchen Lebens- und Liebeserfahrung weiß doch, wie wenig Worte man hat oder sagen darf, wenn etwas Bewegendes im Leben passiert. Da reichen die heiligsten Worte nicht dran.

Glauben heißt nicht nicht wissen!

Da kann ich mich langsam drüber aufregen! Auf jeder Stammtischdiskussion über Religion kommt diese Plattheit früher oder später auf den Tisch: Glauben heißt: nicht wissen! Ich erlebe das immer als Signal einer großen Verstokkung! Als wenn »Der kleine Prinz« nie gelesen worden wäre! Noch steht die große altehrwürdige Bibel wie ein Wächter vor dem frommen Gefühl der Volkskirchenmenschen und verlangt unerbittlich ihren Tribut. Sie fordert Verzicht an eigener persönlicher spiritueller Empfindung. Verlangt Geringschätzung des eigenen Urteils und Herzenswünsche. Vorgeschriebene Bibelfrömmigkeit setzt oft genug ein kaltes, normiertes Herz in ein individuelles Leben. Und dann wundert man sich, daß nichts anschlägt, während sich das Volk an Bibel und Kirche vorbei seinen Weg zur inneren Kraft selber sucht. Es liest »Der kleine Prinz«, »Die Möwe Jonathan«, »Unten am Fluß« und »Der Kuschelhase«. Leute mit Brockhaus und Abitur lesen Lexikonartikel und staunen, daß Glauben von »gelauben, gelieben, sich lieb machen, sich vertraut machen mit . . .« kommt. Glaube ist also nichts, was einem zufliegen muß wie ein frommer Schnupfen, sondern Arbeit.

Konkret also: Ob es den lieben Gott im Himmel und auf Erden gibt oder nicht, ist mir doch egal! Ich bin dabei, mich mit dem Gedanken vertraut zu machen, daß es ihn gibt. Mehr nicht! Das also heißt: »Ich glaube an Gott«. Und das sage ich Leuten während des Gottesdienstes im Credo mit offenen Augen ins Gesicht. Versichere mich, ob ich damit allein bin oder ob die anderen auch daran arbeiten. Mehr nicht! Und je mehr ich mich damit vertraut mache und ihn mir »zähme« wie der kleine Prinz den lebendigen Fuchs, um so mehr Spaß hab' ich daran.

Gerechtigkeit oder Gnade?

Was fällt Ihnen zum »Wort zum Sonntag« ein? Eben! Meistens gar nichts! Höchstens Ottos Persiflage und Verhohnepipelung. Aber diese negative Resonanz stört in den Funkhäusern wohl niemanden. Schließlich ist die Einschaltquote unvermindert hoch! Kein Wunder: zwischen Tagesthemen und Spielfilm! Aber seien wir fair: Es gibt Millionen unter den Millionen, die schauen hin und hören hin! Dann und wann sogar, weil was rüber kommt. Der Kollege aus Kassel zum Beispiel! Wie er uns angesichts des Abschlachtens ganzer Familien und kroatischer Bürger aus Dörfern und

Städten vorhält, daß wir in der Entwicklung unserer Frömmigkeit und Religion seit 3000 Jahren keinen wesentlichen Schritt weitergekommen sind. Keinen Schritt eigentlich! Er sagt: Wie die alten Hebräer sich einen Stammesgott hielten und der Stamm von nebenan eben einen anderen Stammesgott hatte, die im Kriegsfall wie ihre beiden Stämme eben auch gegeneinander antreten mußten, so sind wir! Kein Deut anders! Der Christengott gegen Allah! Und der Judengott gegen die Hindugötter! Jeder einen Gott für seine Interessen! Schön verpackt natürlich in Weihrauch, Nebelkerzen und Glaubensbekenntnis, in Gut und Böse, oben und unten.

Stellen Sie sich doch mal einen Augenblick vor, hat er gesagt, der Kollege aus Kassel, wir wollten wirklich einen gerechten Gott, wie wir doch immer behaupten. Einen einzigen für alle! Einen, der auf der ganzen Welt Frieden macht, sozusagen: einen Vater im Himmel!? Ja, was würde der aus uns vollgefressenen weißen Maden auf der nördlichen Speckseite der Welt wohl machen? Kann es vielleicht doch sein, daß Gott gnädig ist? Wenn er überhaupt ist?

Gnade uns Gott, hat er gesagt, Und weil er recht hat, wollte ich das hier nochmal wiederholen.

Beruf: Geist!

Das waren ja noch gottselige Zeiten, als die Schneider auch noch Schneider hießen! Wo die Schreinersleute nicht in Aktien machten und die Schmidts nicht in Politik! Wo man am Namen schon erkennen konnte, wen man da vor sich hatte. Aber heute? Da hört man den Namen, und Schall und Rauch gehen einem durch den Kopf. Aber nicht mehr! Also braucht man oft noch eine Frage, um den Gegenüber einordnen zu können: »Und was sind Sie von Beruf?« Man kann sich dann ein besseres Bild vom Menschen machen, wenn man weiß, was er arbeitet und wo er sein Brot verdient. Und so will ich den Heiligen Geist vorstellen, der einem mit seinem nichtssagenden Namen seit Jahr und Tag wenig mehr sagt als Schmidt und Schuster. Höchstens, daß er wohl irgendwie bei Kirchens beschäftigt sein muß. Der Name reicht oft nicht mehr, um sich ein Bild von jemandem zu machen.

In der Zeit, als die Schneider auch Schneider hießen und die Schuster noch Schuhe besohlten, hat Jesus den Heiligen Geist Tröster genannt. Ein Geist also, dessen Aufgabe es ist, zu trösten. Und wie macht der das? Ganz einfach: Indem er nichts macht! Keine Hände hat er, die dazwischen funken können, und keine Füße, die einem manchen schweren Weg abnehmen können. Einfach nur trösten muß er können, und da würden alle Hände und Füße und Aktivitäten nur stören. Ein Geist muß er sein, der von Berufs wegen nur dabei sein kann, mehr nicht! Dabeistehen heißt »verstehen«. Nur dabeisein, damit man in schweren Zeiten bei Trost bleibt und nicht verrückt wird, weil eben der Tröster da ist und man nicht allein ist. Wie wichtig das ist, weiß jedes Kind, das Balancieren übt und dafür den Vater braucht, der nur nebenhergeht. Wehe, der Vater greift von sich aus nach der Hand der schier freischwebenden Tochter! Sie braucht meine Hände nicht! Sie braucht meine Begleitung! Die Angst vor der Aufgabe macht Menschen verrückt und kann ihnen alle ihre Fähigkeiten, das Leben zu meistern, nehmen. Der Heilige Geist ist ein Tröster. Zu allererst und immer wieder! Das ist sozusagen seine Hauptbeschäftigung, weil die Not der Welt nur zur Hälfte mit den Händen beiseitegeschafft werden kann. Die andere Hälfte muß einfach ausgehalten werden.

Aber dann und wann ist der Geist Gottes auch in anderer

Mission unterwegs. Zieht sich quasi die Robe an und wird Anwalt, Fürsprecher, wie Jesus ihn nannte. Er ist ein Geist, der versteht, uns den Mund zu öffnen, wenn unsere Kehle trocken und zugeschnürrt vor Angst nichts durchläßt. Der Kopf will wieder nichts hören von den Qualen der Seele, da kommt aus der Tiefe ein unaussprechlicher Seufzer! Seufzer sind Anwalts Liebling! Und so hat Jesus ihm einen dritten Namen gegeben, der sich von seinem Anwaltberuf leicht herleiten läßt: der Beistand! In seiner Begleitung, erleichtert durch unaussprechliche Seufzer, findet man bald den Weg zurück zu den Menschen unter dem Himmel.

Alles hat seine Zeit

Jesus in Bethlehem oder wo?

»Verschlußsache Jesus. Die Qumranrollen und die Wahrheit über das frühe Christentum« – Dieses Buch steht auf den Bestsellerlisten im In- und Ausland. Die englischen Autoren sagen: Aus den alten Schriftrollen, die seit knapp 2000 Jahren versteckt in Höhlen in Palästina lagen und erst in den letzten Jahrzehnten entdeckt wurden, kann man entnehmen, daß Jesus wahrscheinlich Anhänger einer jüdischen Sekte war und gar nicht so einzigartig, wie das die Kirche den Leuten immer weismachen will. Neu und revolutionär ist ihre These nicht. Denn seit über 200 Jahren sägen Theologieprofessoren in den Universitäten von morgens bis abends sozusagen an dem Ast, auf dem sie zu allem Überfluß selbst auch noch sitzen! Die Theologie frißt ihre Kinder. Sie sägen an der Volksfrömmigkeit, die alles glaubt, und holen Jesus, den Gottessohn, Stück für Stück auf die Erde zurück:

Erstens: Er ist ein Jude! Natürlich ist er Jude! Zweitens: Mit menschlichem Vater! Na klar doch! Wie denn sonst? Drittens: Mit Geschwistern! Sicher doch! Warum auch nicht! Viertens: Und Jesus hatte kein Bewußtsein, daß er so was wie Gottes einziger Sohn sein könnte, so wie wir das heute feiern. Oh! Schon schwerer zu verkraften. Und fünftens: Wahrscheinlich ist er auch nicht in Betlehem geboren. Das wäre einfach zu schön, um wahr zu sein. Wo doch der einzige große König der jüdischen Geschichte auch aus diesem kleinen Dörfchen stammte. David, auf deutsch übersetzt: der Führer oder der Gebieter! Was er wohl auch war. Betlehem ist so unwahrscheinlich wie der betlehemitische Kindermord und vieles andere mehr.

Ja, was bleibt denn dann übrig? Das, was für Millionen von Menschen immer schon übrig blieb: nämlich, daß die erzählte Geschichte vom Stall und vom religiösen »Schwärmer unter kleinen Leuten«, den die Großen umbringen lassen, den Kern unserer Lebenserfahrung, unserer Sinnsuche, unseres Gottesglaubens und unserer Hoffnung, so zentral trifft, wie keine Geschichte zuvor! Das ist die einzig wahre Geschichte, die Geschichte machen kann und es auch tut! Das ist Stoff, aus dem das Leben ist. Im Mittelalter sagt man: Jesus kann fünfzigmal in Betlehem geboren sein, wenn er nicht in deinem Innern langsam heranwächst, nützt das alles nichts.

Grüße aus Betlehem

Die Mischung aus Hoffnung und Angst in diesen Weihnachtstagen reicht weit über Slowenien und Kroatien hinaus. Da und dort reicht sie bis in unsere vermieteten Souterrainwohnungen, in denen jugoslawische Gastarbeiter leben. Denn von uns unbemerkt, sind in den letzten Wochen und Monaten mehr und mehr Jugoslawen mit ihren Frauen und Kindern in unsere Häuser gekommen. Total überbelegte Notunterkünfte. Kein Platz in der Herberge! Betlehem läßt grüßen! Kinder mit durchschnittenen Kehlen haben sie hierher getrieben. Und da sitzen sie nun. Illegal! Bedroht und haben Angst, ans Tageslicht zu kommen. Die Männer müssen einkaufen gehen. Keiner soll merken, daß da mehr Leute hausen als noch vor einem halben Jahr. Sie sind auf der Flucht vor einer wildgewordenen Soldateska!

Das muß ja nicht unbedingt das Ende sein. Jesus ist kaum acht Tage alt, da drängt der Engel des Herrn die Familie zur Flucht. Und es wird Jahre dauern, bis derselbe Himmel Zeichen gibt, daß alles gut ist und sie wieder auftauchen können.

Es müssen ja nicht Männer mit Flügeln sein. Sie können doch auch aussehen wie Präsidenten, Innenminister und Bürgermeister, die die Möglichkeit haben, zu Weihnachten Gnade vor Recht ergehen zu lassen. Geht nicht!? Könnte ja jeder kommen!? Präzedenzfall!? Wenn wir uns kein Recht leisten können, dann laßt uns wenigstens Gnädigsein uns leisten! Wie wäre es denn, wenn wir zu Weihnachten, zum Geburtstagsfest des Gottesreiches, zum Nationalfeiertag des Himmels, per Gnadenerlaß die Familien aus der Finsternis der Illegalität holen?

Zu Hause sein und Weihnachten ist eins

Zu Hause bin ich in der Schutzlosigkeit. Das wird nirgends deutlicher als Weihnachten, wo ich wie viele Menschen für Augenblicke versuche, in die Kinderstube zurückzukehren, möglichst in die allererste, unverdorbenste, wärmste, in den Schoß meiner Mutter, in ihre Gerüche. Und ein Geschenk habe ich für sie dabei. Es ist doch Weihnachten, die Zeit der vollen Hände und Herzen! Eine Geschichte von schutzlosen Vätern hab' ich ihr mitgebracht, Männern ohne Wehr und Waffen, dem Himmel ebenso ausgeliefert wie vertraut. Eine

Geschichte habe ich, in der Männer wie Frauen erscheinen und aller Unterschied klein wird. Eine Geschichte vom Vater aller Väter, Vater im Himmel, habe ich dabei, von einem Mann(?), der Weihnachten auf den Schoß eines Mädchens drängt.

Das war das Jahr 733 vor unserer Zeit. Der König von Jerusalem rüstet auf. Der Feind stand im Osten. Und der König inspiziert die Befestigungsanlagen. Als er die Walkerfeldstraße hinaufgeht, dort, wo die Zisternen mit dem lebensspendenden Wasser stehen, da tritt ein Mann auf ihn zu. Er hat einen kleinen Jungen an der Hand. Offenbar sein Sohn. »König, sieh diesen Jungen! Mein Sohn! Ich gab ihm einen merkwürdigen Namen: Schear-Jaschub! Ein Name zum Hänseln! Ein Name, über den sich Freund und Feind totlachen. Schear-Jaschub! Auf deutsch: Ein Rest kehrt um! Denn schutzlos wie der verlachte Kleine an meiner Hand wird nur ein Rest unseres Volkes übrig bleiben, wenn du hier weiter rüstest. Nur ein Rest wird 50 Jahre Verschleppung überleben, mein König! So spricht Gott, der keinen Namen hat, weil er das Leben selbst ist!«

Der König von Jerusalem ließ Vater und Sohn mit dem merkwürdigen Namen aus den Wehranlagen werfen. Doch der Mann kam wieder, diesmal ohne Sohn. Er wartet, bis eine offenbar schwangere Frau vorbeikommt.

»König! Insel, Bäume, Städte, Land als Femininum sind bekannt! Die Stadt, die du verteidigen willst, ist wie eine schwangere Frau: Die ist voller Leben, voller Kinder! Städte sind immer wie schwangere Frauen! Darum sind sie ja in allen Sprachen, die ich kenne, auch weiblich. Sieh jetzt die Frau! Da ist Leben drin, ursprüngliches Leben. Der Schutz ist noch nicht in die eigene Hand genommen. Weder in die Hand der Mutter noch in die Hand des Staates! Was bleibt der jungen Frau in dieser Zeit, wo der Feind kommt, als wehrlos auszuharren und an eine heilsame Zukunft zu glauben? Auf ihrem Leib seh' ich Buchstaben geschrieben: »Immanuel! Gott mit uns! Gott mit der Wehrlosen!«

Doch der König von Jerusalem, er hieß Ahas, starr, waffenstarrend, ließ sich nicht bewegen von diesem alten Wissen. Was versteht Jesaja, der Prophet, schon vom Rüstungswesen! Jedermann in der Welt weiß, daß wir aufrüsten, damit die anderen endlich anfangen abzurüsten! Schutzlosigkeit, Wehrlosigkeit, das ist was für Weiber, für Mütter und Muttersöhnchen. Aber nicht für Männer! Da versuchte es Jesaja, der Prophet, zum letzten Mal:

»König, ein Mann wird geboren werden, ein Kind, ein Junge, ein Mann! Immanuel wird er heißen, schutzlos und wehrlos wird er zu leben versuchen, und es wird ihm gelingen. Wo andere die Ohren abschlagen, wird er sie wieder dranheften, und wo du Gräben aushebst, wird er versuchen, sie zuzuwerfen. Und nie steckten in einem Menschen soviel Himmel und soviel Erde, soviel Mann und soviel Frau! Schutzlos wird er leben, von Anfang an. Geboren in einer schutzlosen Hütte, von einem unverheirateten Mädchen. Das sind die Konstellationen seiner Geburt, die nach alter östlicher Weisheit sein ganzes Leben bestimmen werden. Es ist der Beginn eines neuen Zeitalters.«

Mit meinen Gedanken und dieser Geschichte rücke ich immer wieder auf den Schoß meiner Mutter zurück. Wir waren damals so wehrlos glücklich, ungeheuer verletzlich. Und wurden groß.

Ich singe mein Weihnachtslied: »Ich steh' an deiner Krippen hier, o Jesu, du mein Leben; ich komme, bring und schenke dir, was du mir hast gegeben. Nimm hin, es ist mein Geist und Sinn, Herz, Seel und Mut, nimm alles hin und laß dir's wohlgefallen.«

Dreikönig

Vor ein paar Jahren habe ich einmal am 6. Januar auf Mallorca in einer kleinen Dorfkirche gesessen. Die Kinder hatten Bescherung, und die drei voll bepackten Könige aus dem Morgenland hatten ihre Lasttiere mit den Geschenken bis vor die kleine Dorfkirche gezogen, sie abgeladen und die sieben Sachen vor den Altar geschleppt, damit die Kinder sie als ihre Geschenke von dort abholen konnten.

Das hat mir gefallen. Und ich saß da und überlegte, was sie denn mir bringen könnten: Ein paar schwarze Zahlen auf dem Konto vielleicht! Auf mehr kam ich nicht! Merkwürdiges Armutszeugnis! Ich mußte schon suchen, damit mir was passendes einfiel. Ich habe offenbar schon alles: bürgerliches Einkommen und Auskommen! Aber so Könige, die aus dem Nichts kommen, einen Augenblick bleiben und dann wieder ins Nichts gehen wie bei uns der Weihnachtsmann, müssen doch auch für mehr gut sein als nur für reine Transportarbeiten zwischen Himmel und Erde? Wie wär's denn, wenn sie mir irgendetwas brächten, daß ich eben nicht immer mehr und mehr haben will, sondern weniger und weniger habe und auch weniger haben will. Irgendeine himmlische Substanz, die dann auch verhindert, daß ich Entzugserscheinungen habe. Also Bücher zum Beispiel? Hier, nimm die himmlische Substanz, und du brauchst gerade ein Buch! Oder Kleidung? Nimm unser himmlisches Geschenk, und dir reichen die Sachen, die du hast! Wär' das was? Wovon sollte ich mich denn langsam trennen? Ohne große Schmerzen? Und ich träume, der Stern der Könige leuchtet auf in der Ferne, fasziniert mich, nimmt mich ganz für sich ein, und ich werfe als erstes den Fernseher aus dem Fenster. Und auf einmal habe ich: Stille Nacht! Heilige Nacht!

Fastenzeit: sieben Wochen ohne!

Einsteigen kann man jedes Jahr! Von Aschermittwoch bis unmittelbar vor Ostern: Aktion »Sieben Wochen ohne!« Sieben Wochen auf irgendetwas verzichten, was einem nicht nur lieb und wert geworden ist, sondern oft genug auch, wie so manches anfänglich Liebes, über den Kopf zu wachsen droht! Also meinetwegen Schokolade, Alkohol, Rauchen, Fernsehen, Sex, Autofahren, was weiß ich, woran Sie hängen oder in welche schlechten Angewohnheiten und Gesellschaften Sie geraten sind.

»Sieben Wochen ohne!« ist eine Aktion, bei der mittlerweile über zwei Millionen Menschen in Deutschland mitmachen. Über zwei Millionen haben nicht nur erkannt, daß die Welt von morgen Menschen nur erträgt, wenn sie in der Lage sind, auf Dinge, die ihnen heute lieb und wert sind, morgen zu verzichten, sondern die das üben und erste Erfahrungen sammeln wollen. Neue Erfahrung macht man mit dem Körper und nicht mit dem Kopf! Alles andere ist Illusionstheater!

»Sieben Wochen ohne!« ist eine moderne Form von Fasten, wie sie immer schon in allen Kulturen der Menschheit und zu allen Zeiten geübt wurde. Aus dem alten Wissen heraus, daß nicht nur Genuß dem Leben einen Sinn geben kann, sondern genau der umgekehrte Weg auch. Verzicht! Auf beiden Wegen taucht die Sinnfrage überhaupt nicht mehr auf. Im Genuß nicht – haben sie jemals einen frisch Verliebten nach dem Sinn des Lebens fragen hören? – aber auch nicht im Fasten.

Da wird im Prinzip derselbe Weg beschritten: Der Körper macht eine Erfahrung, und die Seele profitiert davon. Der Körper reinigt sich langsam von Giften, Zucker und Alkohol, Nikotin usw., und die Seele spürt, daß sie allmählich wieder Boden gewinnt, stärker wird und wieder zu sagen hat. Sie wird weniger verachtet und getreten als sonst. Die Seele übernimmt wieder für einige Zeit im Jahr die Herrschaft im Haus des Lebens! Weil es am Ende also auf die Seele schlagen soll und nicht auf den Magen, könnten Sie aber auch mit schlechten Gewohnheiten pausieren und fasten. Der berühmte Kirchenvater Johannes Chrysostomos, er lebte im vierten Jahrhundert, brachte es auf den Punkt: Was nützt der Verzicht auf Fleisch und Fisch, wenn wir dafür unsere Mitmenschen beißen und fressen? Recht hat er! Schokolade fressen und Mitmenschen leben lassen! Wär' doch ein Anfang?!

Grau ist alle Praxis

Wie der Herr, so's Gescherr! sagt man doch immer, wenn man vom Chef auf sein Personal schließen will. Und umgekehrt: Wenn man von seiner Umgebung, vom Auto, von den herumliegenden Socken auf den Besitzer schließen will. Und wenn man am Palmsonntag einen Esel sieht? Was für ein Herr wird das gewesen sein, der auf ihm in die Stadt Jerusalem geritten ist? Was muß das für ein merkwürdiger Herr gewesen sein, der sich statt eines königlichen makellosen Pferdes einfach eines grauen Esels, der ihm nicht einmal gehörte, bediente?

Wie der Herr, so's Gescherr! Grau ist er! Nein, er ist schmucklos. Wenn er überhaupt schön war, dann kam die Attraktivität eher von innen als von außen. Mit Ausstrahlung eben. So wird er gewesen sein. Ist der Herr des Esels auch so ein Lastenträger? Kann man jeden Mist, den man nicht mehr selbst tragen kann oder will, einfach auf seinen Rücken pakken? Sind sie aus demselben Holz geschnitzt?

Die Menschen im Orient sagen, Esel seien klug! Ganz im Gegensatz zu den Leuten in unseren Breiten, die kaum noch Esel kennen und Sturheit mit Dummheit verwechseln. Im Orient jedenfalls erzählen sie die merkwürdigsten klugen Eselsgeschichten: Daß sie den Weg nach Hause kennen und Gefahren wittern, so daß man sich ihnen anvertrauen kann. Man sagt, sie seien selbständig, eigenwillig, und bei aller Treue frei wie eine Katze! Herr und Knecht zugleich! Ist der Herr auch so? Man sagt, der Esel ist das Tier kleiner Leute. Wer auf ihm reitet, muß ein König der kleinen Leute sein, ein Schwärmer, den die Herren hoch zu Roß nie und nimmer ernst nehmen werden.

Karfreitag

»... Es wäre sehr schön, wenn Sie etwas über Karfreitag schreiben könnten, in seiner sozio-ökonomisch-historischen Relevanz.« So sehen heute Einladungen aus, über den Karfreitag zu meditieren! Ob Jesus das konnte? Schwerlich! Denn zu seiner Zeit gab's an diesem Freitag, zwei Tage vor dem großen Passahfest, nichts zu feiern. Hängen Sie doch mal selber am Kreuz, oder verlieren Sie einen Angehörigen! Da steht Ihnen nicht nach Feiern der Sinn. Aber auch nicht nach Arbeit! Irgendwie dazwischen! Und so hat es bis ins zweite Jahrhundert gedauert, bis die Christengemeinde von Rom an diesem schwerbeladenen Tag wenigstens für ein paar Stunden die Arbeit ruhen läßt und eine Feier veranstaltet. Karfreitag! So ganz ist diese Einstellung aber nie akzeptiert worden.

Durch all die Jahrhunderte nicht. Und der Streit, wie man das Leiden und Sterben Christi begehen soll, flammte wieder auf, als die Reformatoren und ihre Anhänger zusammenstellen, was denn zwischen den Christen trennend sein könnte. Nicht in den Dogmen! Mehr gefühlsmäßig!

Bei den Calvinisten zum Beispiel! So heißt die protestantische Variante, die über die Schweiz, Frankreich, die Niederlande, den linken Niederrhein bis nach England und Amerika vorgedrungen ist und den Karfreitag als Guten Freitag, »Good Friday«, als höchsten Feiertag des Kirchenjahres begeht!

Kargheit und Reinheit als Höhepunkt des Lebens und Höhepunkt des Jahres! Verständlich nur für die, die das ganze Jahre, 365 Tage lang, Karfreitag feiern: Karg wie in einer katholischen Kirche nur zur Fastenzeit sind die calvinistisch reformierten Kirchen. Keine Bilder, keine Kerzen! Als wenn die Hungertücher, die bei den »römischen« Christen all die Kostbarkeiten an den Wänden und am Altar die Fastenzeit über bis Karsamstag verdecken, quasi in den calvinistisch reformierten Kirchenbau integriert worden sind. Streng und hart! Imitatio Christi auf ebenso harten Bänken!

Das läßt sich nicht steigern, auch nicht am Karfreitag. Unverständlich für sie bleibt der Brauch der auf dem Lande lebenden katholischen Bevölkerung, ausgerechnet an diesem Tag Mist auf die Felder bringen!? Wie unangenehm! Ist das imitatio Christi? Und was soll der bis heute in römisch-katholischen Gegenden erhaltene Brauch, gerade an diesem Freitag die große Wäsche zu machen? Imitatio Christi für Frauen? Da seien Constructa und Miele und alle Waschautomaten dieser Welt vor! Manche Reformation, auch der strengsten kirchlichen Bräuche, verdankt sich dann im nachhinein eher dem ökonomischen und technischen Fortschritt als dem langsam, langsam wachsenden spirituellen Wachstum der Gläubigen.

So hat sich auch dieser alte Streit in technischer Zeit, in

der sogar die große Wäsche ihren säkularen Platz zurückerhalten hat, nivelliert. Und am Karfreitag meditieren die, welche die Kirche besuchen, über dieselbe Geschichte: Warum nur, warum ließ er sich kreuzigen? Kreuzigte ihn Rom? Ließ Gott ihn kreuzigen? Keine Antwort!

Vielleicht geht diese:

Es war einmal ein Mann am Kreuz, den nicht ganz zufällig ein altes, listiges Regime umbrachte, weil es in ihm das Neue in der Welt heraufdämmern sah. Doch das interessierte den Mann am Kreuz wenig. Er dachte am Ende seines Lebens weniger darüber nach, wie man mit guten Appellen die Menschen ändern könnte. So hatte er angefangen. Damals mit dreißig Jahren am Jordan! Mit Aufrufen zur Buße! Das waren Jugendtorheiten! Fehler eines Anfängers in Sachen Predigt und Religion! Drei Jahre her! Die neue Religion predigt nicht, appelliert nicht, sie setzt bei den guten und bösen Erfahrungen der Menschen an. Die neue Religion ist bei ihnen, leidet mit ihnen, versucht zu verstehen und denkt immer wieder darüber nach, wie denn Menschen glücklich werden könnten? Nicht ohne Leid und nicht ohne Schmerz! Aber ohne Kult schon! Ohne Opfer und ohne Blut! Wann würden sie mit den Blutopfern für die unterschiedlichsten Götter aufhören? Ihre Naturgötter, antike Götter, jüdische Götter: Abrahams Gottheit? Wann würden sie aufhören, den modernen Göttern zu dienen: Erfolg, Mobilität, Fortschritt, wie immer sie heißen würden? Wo immer man ihnen huldigen würde und sie anbeten.

Antwort: Nur, indem die Menschen selbst Angehörige eines Opfers würden. Nur Angehörige eines Opfers kennen kein Pardon gegenüber falschen Ideologien und Zumutungen der Herrschenden. ›Was ich also brauche‹, dachte er sich, als sie ihn kreuzigten, sind Angehörige. ›Aber werde ich sie finden? Ich werde mich aufmachen, sie zu suchen!‹ Und er schrie und gab seinen Geist frei, damit er sich auf die Suche machen könnte.

Osterspaziergang

Ob man den Osterspaziergang nun mit Goethe macht oder mit Udo Jürgens, mit den Emmausjüngern oder mit den eigenen Kindern, es kommt immer auf dasselbe raus. Immer dreht es sich um dieselbe Frage: Warum nur, warum, muß alles so sein, wie es eben ist? Und mindestens die Kinder vertragen keine komplizierteren Antworten. Und Erwachsene ärgern sich auch nicht, wenn sie mal was verstehen. Erwachsene sind auch immer auf der Suche nach den einfachen Antworten, die sie durch ihre kopflosen Zeiten tragen.

»Also warum greift der Gott nicht mit aller Macht ein, wenn in Ostafrika die Menschen sterben wie die Fliegen? Warum hilft er nicht in Kurdistan, Jugoslawien und überall? Wie wird die Welt endlich heil?«

Die Männer dieser Welt haben darauf immer eine einfache Antwort gehabt: Mit Gewalt geht alles besser! Mit Eingreifen, mit Lenken, mit Knarre und Kandare! Und der Weg der Menschheit zu diesem Ziel führte immer nur durch neue Meere von neuem Blut. Ist der Gott im Himmel so ein Feldherr? Oder mißtraut er vielleicht aufgrund schlechter Erfahrungen seinen eigenen Feldzügen auf der Erde?

Menschen ausrotten und neu machen soll er ja zu Zeiten der Sintflut einmal versucht haben. Und der Erfolg war wohl gleich null. Jetzt geht er offenbar andere Wege. Er greift nicht mehr ein. Läßt uns wohl unsere Freiheit und geht wie Jesus auf dem Weg nach Emmaus mal sichtbar, mal unsichtbar neben uns her durch alle Menschengenerationen, unendlich geduldig, voller Erbarmen, in der Hoffnung, daß wir nicht immer verrückter werden, sondern neben dem Tröster bei Trost bleiben.

Tanz in den Mai

Im vorigen Jahrhundert hat die Kirche, katholisch, evangelisch, egal, die Arbeiterschaft verloren. Warum? Weil sich die Kirche von damals von der großen sozialen Frage überhaupt nicht bewegen ließ. Was geht uns soziale Gerechtigkeit auf Erden an, die uns eh zu rot ist, war damals der Tenor. Wir konzentrieren uns vielmehr auf die Frage, ob uns Gott im Himmel Gerechtigkeit wiederfahren läßt.

Da waren Millionen Männer und ihre Familien allein auf der Straße. Verlassen von den Jüngern Jesu. Ausnahmen wie Kolping und Wichern bestätigen nur dieses Im-Stich-Lassen einer ganzen Klasse. Diesen Verlust an Lebenserfahrung, an Kraft, an Wut und an Verlangen nach himmlischer Gerechtigkeit in himmelschreiender Ungerechtigkeit, wie er in der Klage der arbeitenden Klasse des 19. Jahrhunderts deutlich wurde, haben wir bis heute nicht aufgeholt!

An diesem ersten Maiabend tanzt unsere Jugend auch nicht mehr unter dem Maibaum vor der Kirche. Jetzt verliren wir die Träume der Kinder. Die Kinderträume, die notwendig sind, für uns alle Visionen von einer gerechteren, versöhnteren Welt in Gang zu halten. Ihre Träume gehen uns verloren, und mit ihnen ihre Kraft, ihre Lust, ihr Aufbruch. Aber vielleicht wird diese an den Rand der Gesellschaft gedrängte Jugend genau wie die Arbeiterschaft einen Tag im Jahr finden, an dem sie ihr Selbstbewußtsein und ihre Kraft demonstriert wie die verlassenen Arbeiter des 19. Jahrhunderts. Verlorene Söhne und Töchter der Kirchen und Gemeinden, die auf dem Weg durch ihr Leben erst einmal ohne uns ihre Identität suchen. Denn die Kirche der Eltern sprach nicht die Sprache der Kinder, fühlten nicht ihre Gefühle, tanzten nicht ihren Rhythmus. Ließ sie allein.

Krisen brauchen vierzig Tage

Daß wir Himmelfahrt feiern, verdanken wir der Zahl Vierzig, unserer Seele, Jesus von Nazareth und der vielgescholtenen Institution Kirche! Und daß wir Himmelfahrt über die Jahre feiern konnten, verdanken wir sicherlich auch den Gewerkschaften, die bei Streichung dieses arbeitsfreien Tages weniger für die kirchliche Tradition als für die Erhaltung des Besitzstandes auf die Barrikaden gingen.

Was Gewerkschaft ist, brauche ich nicht zu erklären. Was Kirche ist, wissen wir, was Jesus ist, sowieso, und was Seele ist, wissen wir auch. Aber Vierzig? Wieso gerade Vierzig? Was hat die Vierzig mit Himmelfahrt zu tun. Vierzig Tage nach Ostern?

Vierzig ist eine alte, uralte Zeitspanne, in der sich Dinge aus einer Krise heraus entwickeln können. Vierzig Tage dauerte die Sintflut. Vierzig Tage Sonne, bis es wieder trokken war. Vierzig Jahre zieht Mose mit dem Volk Israel durch die Wüste, vierzig Tage wartet Elia in der Wüste, vierzig Tage fastet Jesus, bevor er als Rabbi öffentlich auftritt. Und vierzig Tage dauern die merkwürdigen Erscheinungen des offenbar lebendigen Jesus zwischen Ostern und dem endgültigen Abschied des damals gekreuzigten und auferstandenen Phantasten aus Nazareth.

Vierzig, das sind auch knapp sechs Wochen, nach denen man in katholisch geprägten Gegenden der verstorbenen

Angehörigen noch einmal mit einem Gottesdienst, einer Messe gedenkt. Vierzig! Das kann sich ja nicht von ungefähr über die Jahrtausende halten. Da steckt offenbar eine Wirklichkeit der Erfahrung hinter, die der Zahl Vierzig erst ihr Gewicht gibt. Es kann Tausende von Vierzig in der Bibel geben, wenn sie kein Echo in unserer Seele fänden, bliebe die Zahl bedeutungslos.

Vierzig Tage, das scheint die Zeitspanne zu sein, die eine Seele braucht, um sich in einer Krise von einer Gestalt des Lebens zu trennen, die überflüssig wurde und die abgelegt werden muß. Also lassen wir unseren Krisen ihre Zeiten. Vierzig Tage, die voll Trauer sind und voll Vorfreude! Vierzig Tage sind ein ebenso altes wie bewährtes Maß.

Runderneuert

Am 31. Oktober ist Reformationstag. An diesem Tag im Jahre 1517 soll Martin Luther fast hundert Verbesserungsvorschläge für die Kirche veröffentlicht haben. Und die Bilanz? Natürlich auf Latein: Ecclesia est semper reformanda! Auf deutsch: Wenn die Kirche nicht jedes Jahr zum TÜV muß, wird sie bald nicht mehr pfarrtüchtig sein. Das Blöde daran ist nur, daß die Kirchenlenker diese TÜV-Prüfung selber vornehmen. Dabei kann ja nichts rauskommen! Das ist ja dasselbe, als wenn ein Oldtimerbesitzer und Hobbykonservator auf die aktuelle Funktionsfähigkeit des Fahrzeugs angesetzt wird. Der achtet doch nur darauf, daß sein Spielzeug so aussieht und fährt wie gestern.

Und ich suche nach Veränderungen und Reformen in der Kirche, die sie lebendig erhalten, und sehe wenig oder nichts. Zumindest nicht in der Kirche. Religion ohne Kirche aber boomt. Esoterik verzeichnet jedes Jahr erneut

Rekordumsätze. Und neu für mich: Ich sehe die Reformation in der Medizin, so wie protestantischer Geist vor hundert Jahren fern der Kirche die Wirtschaft reformierte.

Die Mediziner sehen mittlerweile, daß nicht nur jeder einzelne lebensbedrohlich fett ist. Überhöhte Cholesterinwerte werden so gehandelt wie Altersangabe und Pfunde. Nein, ein ganzes Volk droht zu verfetten und will die Hungernden dieser Welt, die an der Grenze stehen und betteln, wegschicken wie streunende Hunde. Wir sind einfach zu fett. Und daß man das ungestraft bleiben darf, bezweifeln jetzt mit den Pfarrern auch die Ärzte. Gegen eine fette Gesellschaft wetterten die Mönche zu allen Zeiten. Gegen eine verfettete Kirche mit ihren Menschen zog die Reformation zu Felde – gemeinsam geht es heute gegen Arteriosklerose, Blutstau aufgrund Verfettung der Lebensadern.

Einkehren

Buß- und Bettag wird in Deutschland nur da gefeiert, wo die preußischen Könige protestantsiche Spuren hinterlassen haben. Die meisten Spuren jedoch sind unsichtbar. Und eine bemerkt man nur daran, daß man frei hat. Buß- und Bettag, ein Feiertag! Aber warum?

Einer der preußischen Herrscher aus Berlin beabsichtete damit weniger, daß das Volk mitten in der Woche irgendwo draußen spazierengehen kann, wo es schön ist, sondern vielmehr, daß jeder einzelne in sich geht und sucht, wo es da drinnen häßlich ist, mies und unaufgeräumt. Nein, was sind Könige naiv!

Der König stellte sich tatsächlich vor, daß wir in uns gehen und schauen, was wir für Frauen und Männer sind. Betrachten sollen wir, was wir im Laufe eines Jahres so angerichtet haben, und endlich saubermachen. Im Herbst! Nicht im Frühjahr! Wer davon nicht in die Knie gezwungen wird! Aber ein Volk, das wenigstens einmal im Jahr in die Knie geht, kann man schließlich besser von oben regieren. Buß- und Bettag! Dabei ist Buße im Grunde genommen ein Erneuerungsfest. Buße ist mit dem Wort »besser« verwandt. Nach innen gehen ist ja gut, und der November tut seinen Teil dazu bei, daß es gelingt. Aber man sucht doch nicht den eigenen Misthaufen auf, um jetzt knirsch und klein zu werden! Den eigenen Mist will doch jeder loswerden, sich erleichtern und wachsen! Den Fluch, den Menschen mit seinen Fehlern zu identifizieren und sie zu katalogisieren, hat die preußische Schule schon zu verantworten. Jetzt aber ist Bußtag, und alles, was an mir und meinem Leben schon eigentlich tot ist, wird an die frische Herbstluft gesetzt. Überfällige Entscheidungen! Drei Kilo zu viel! Der falsche Job, die falschen Freunde! Weg damit! Bußtag ist da! Buße will helfen, sich zu bessern. Freut euch!

Io confesso

Im italienischen Fernsehen gibt es eine interessante Sendung: Io confesso! Übersetzt: Ich bekenne! Keine Angst, da bekennt sich niemand in aller Öffentlichkeit nach amerikanischem Muster herzzerreißend zu Gott oder Jesus. Das hat in Italien keine Einschaltquoten und wäre für die Fernsehsender geschäftsschädigend.

In dieser Sendung wird dagegen vor aller Öffentlichkeit in einer Art Talkshow bei prominenten Hempels hinters Sofa geschaut. Und Hempels helfen mit. Da wird erzählt und »gebeichtet«, was man in seinem Leben für Fehler gemacht hat. Alle Heimlichkeiten, alle Skandale, alle Fehler kommen unter dem Teppich vor und liegen plötzlich auf dem Tisch. Und das in einem Geist, der zwar neugierig ist, aber nicht hämisch.

Von wegen: Uns passiert so was nicht! Das ist neu. Denn wenn man hierzulande Prominente auf ihre Fehler hin anspricht, dann sagen sie zwar immer, daß auch sie nur Menschen seien, geben aber gleichzeitig zu erkennen, daß sie in ihren besseren Tagen etwas mehr als nur ein gewöhnlicher Mensch waren. Denn welche Fehler sie machten, das sagen sie nicht. Da schweigt der Kavalier und genießt weiter. Soll er!

In aller Offenheit im Fernsehen oder Rundfunk von seinen Fehlern zu erzählen und nicht immer nur von den Heldentaten und Erfolgen, das könnte ein Schritt in die richtige Richtung sein. Das könnte eine menschliche Orientierung auch für weniger Prominente, sogenannte kleine Leute sein, die sich immer an den großen Glanzbildern orientieren und in ihren nie rausgelassenen Fehlern zu ertrinken drohen. Man kommt dann als kleiner Mann zwar nicht gleich ins Fernsehen. Aber vielleicht in den Himmel. Das ist doch auch schon was.

Umgang mit Behinderten

Warum geht mir eigentlich die ganze Auseinandersetzung Ossi-Wessi, Stasi ja, Stasi nein, so langsam auf den Geist? Wahrscheinlich, weil ich immer deutlicher spüre, daß die sogenannten Wessis mit den sogenannten Ossis umgehen wie mit Behinderten. Körperlich Behinderten, geistig Behinderten, politisch Behinderten. Immer dasselbe Verhaltensmuster bei den sogenannten Gesundis: Unsicherheit und immer wieder Unsicherheit, wie man damit umgehen soll. Gut, man spürt da eine moralische Verpflichtung, auf sie zuzugehen. Aber wie? Helfersyndrome werden wach, und man will die armen alten Verwandten mit dem politischen Rollstuhl während der Rush-hour über kapitalistische Straßen begleiten. Und alles nur, weil man an sich selber keine Behinderung, keinen Makel feststellen kann. Die Gesunden treffen die Kranken, die Gerechten treffen die Ungerechten, die Wessis treffen die Ossis. Es darf hinter vorgehaltener Hand jeweils gespottet werden.

Und auch das wird sich erst ändern, wenn man hinter dem Zeigefinger, der immer auf die Wunden der anderen zeigt, die drei Finger wahrnimmt, die auf einen selbst zurückweisen: Der erste auf die eigenen Wunden, der zweite auf die eigenen Defekte und der dritte auf die Unfähigkeiten. Oder sind uns die in den letzten vierzig Jahren abhanden gekommen?

Kriegsdienstverweigerung, zweite Runde

Vor 25 Jahren habe ich den Kriegsdienst verweigert. Mit Müh und Not bin ich über die damaligen Hürden gekommen. Mein Vater verstand das nicht. Die pazifistische Einstellung schon, aber nicht, daß man so was an die große Glocke hängt und »Widerstand« leistet. Mutter sagte dann immer, daß wir Geschäftsleute seien, die nicht alles, was sie denken, auch sagen und tun dürften. Und die Ausschüsse und Gerichte, die mit meinem Lächeln oder Grinsen, wie sie das sahen, nicht umgehen konnten, verstanden es ebensowenig. Ich war so überzeugt, richtig zu liegen, der Überlegene zu sein, warum also nicht lächeln?

Und jetzt kommen die Bilder aus Kroatien, aus Sarajevo,

aus Städten mit schwierigen Namen und unvorstellbaren Mordszenen. Da ist mir meine pazifistische Überzeugung ins Wanken geraten und das Lächeln längst vergangen. Da kann ich doch nicht Hände faltend und Gloria singend und lächelnd über den weisen Ratschluß Gottes, daß sich Brüder und Schwestern einer Völkerfamilie umbringen, an der Seite stehen. Zum erstenmal spüre ich so was wie: Ich mach mit. Wenn ihr Leute sucht, die sich zwischen die Parteien stellen, könnt ihr vielleicht doch auf mich zählen. Und im Augenblick rüstet mich bitte mit einer Sprache aus, die da in Serbien, Bosnien und Kroatien von allen Seiten gesprochen, anerkannt und verstanden wird. Mit Waffen! Es erschreckt mich etwas, was ich sage!

Vielleicht bin ich aber auch nur zu ungeduldig: Ich kann nicht warten, bis sich gute Einsichten durchsetzen, derweil Kinder umgebracht werden. Ich habe doch selber zwei. Ich kann nicht warten, bis wir unser Grundgesetz auf Vordermann gebracht haben, während die Nachbarn sterben. Ich kann nicht warten auf Gottes Gnade, der auch noch den verrücktesten und verirrtesten Menschen begleitet und versteht.

Kinder aus Sarajevo

Kinder aus dem gemordeten Sarajevo rauszuholen, wer wollte das nicht! Kinder unter allen Umständen aus dem Heckenschützenfeuer ziehen, wer würde das nicht! Und darum verdient jede Art, über vierzig Kinder auf abenteuerlichsten Wegen aus dem Krieg zu holen, unsere Hochachtung. Daß dabei wahrscheinlich am Rat aller Politiker vorbei gehandelt wurde und UNO-Anweisungen mißachtet wurden, die doch genauso Menschen retten wollen und ihre

Mission durch solche vermeindlichen Abenteurer gefährdet sehen, zeigt nur das Dilemma, in dem wir stehen: Immer nur die Wahl zwischen zwei Übeln! Wie immer! Oder fast immer! Selten zwischen Gut und Schlecht oder Gut und Böse. Und wenn die Welt schon so kompliziert ist, daß sie uns oft genug nur die Wahl läßt zwischen dem einen und dem anderen Übel, dann sollten wir mit denen, die sich anders entscheiden als wir und ein anderes Übel vorziehen als wir, etwas vorsichter umgehen. Wir sollten am Ende nicht so tun, als wären die einen, also meistens wir, gut und die anderen böse. Wir waren doch einig, daß es so was, rein Gute und rein Böse, selten genug gibt. Das müßte doch auf den Umgangston abfärben?

Unverschämt

Verdienen unsere Politiker zuviel oder zuwenig Geld? Zuwenig sagen die meisten Politiker.

Wie können unsere führenden Köpfe und die, die sogar noch die führenden Köpfe führen wollen, sagen: Die Oskars in der Industrie verdienen ja auch soviel! Ja, sogar so viel mehr! 20.000 DM pro Monat sei doch weiß Gott nicht viel Geld! Oder was verdienen denn niedergelassene Ärzte! Und Krankenschwestern, Kindergärtnerinnen und was weiß ich? Was verdienen die denn? Warum mißt man sich denn nicht an denen? Die arbeiten doch auch mit all ihren Kräften – und manche auch mit weniger Kräften, was aber ja bei Politikern auch vorkommen soll – am Gemeinwohl aller! Politikergehälter sind doch Summen, von denen die Schwestern nur träumen!

Politiker bezahlen wir doch mit mehreren Währungen gleichzeitig: Einmal mit Geld! Mit dem in der Tasche sind die ganz schön potent und mächtig. Dann aber geben wir ihnen auch Macht pur in die Hand, die sie sich dann nicht mehr extra kaufen müssen. Mit der in der anderen Hosentasche nimmt die Existensangst nochmal ab. Und endlich stellen wir sie Abend für Abend ins Scheinwerferlicht, damit sie nicht das Gefühl haben, wie viele von uns, sie seien ein Nichts, das mit Geld und Macht noch etwas aus sich machen möchte. Auf allen drei Konten gleichzeitig Bezüge zu bekommen, finde ich unverschämt.

Eine neue Ethik

Jetzt rollt ein Bestechungsprozeß nach dem anderen über die westdeutschen Gerichte. Wenn man so will, sind das unsere Stasi-Prozesse. Da kommen die Agenten von der Großmacht Geld, die überall als Krake ihre Finger drin hat und alles und jedes regiert, kontrolliert und reglementiert und bietet dir eine Teilhaberschaft an. Und was passiert? Hat man genug Rückgrat oder Reserven und sagt: Nein, danke! Ich möchte kein IM werden, kein Intensiver Moneynehmer! Ich will sauber bleiben. Ich sag' in dieser Zeit der Versuchung laut und vernehmlich NEIN!

Das scheint mir bei den ganzen Bestechungs- und Stasi-Prozessen das einzig Wahre zu sein. Nämlich wieder lernen zu müssen, daß Menschen, wenn auch oft genug verborgen, einen Charakter haben können, der laut und deutlich Ja und Nein sagen kann. Und der sich weder von Stasi noch Geldmafia kaufen lassen will. Denn beides sind doch eh nur zwei Seiten derselben Münze. Und die heißt: Macht haben! Mehr sein als gestern! Vertrauen ist gut, Kontrolle ist besser! Und am Ende stellt sich dann doch nur raus, daß Macht und Geld den Menschen den Charakter ausgehöhlt haben. Und vor

Gericht sehen sie dann auch aus wie ausgehöhlte Termitenhügel. Hüben und drüben!

Volkstrauertag

Wir waren mit einem einfachen Bettlaken, auf das wir das Symbol für »Schwerter zu Pflugscharen« aufgemalt hatten, zum »Heldengedenktag« gekommen. Ich hatte ein mulmiges Gefühl. Es würde Ärger geben. Unser Bettuch neben der glorreichen Fahne der Schützenvereine und Feuerwehren, Kriegervereine und Marinekameradschaft. Wir waren mit unserer Fahne kaum da, da ging der Tumult los. Schützen verließen entrüstet die Feier, ihr Fahnenträger fiel, warum auch immer, wie vom Schlag gerührt der Länge nach mitsamt seiner Standarte auf den Steinfußboden. Und jetzt soll ich auch noch reden! Ich komme mir vor wie Jona in seiner Angst vor den Brügern von Ninive. Aber ich rede.

»Es war einmal ein Volk, das hatte über die Jahre mühsam gearbeitet und gearbeitet. Aus Trümmern waren Paläste geworden und aus Wüsten wuchsen Gärten. Diese Arbeit hatte dem Volk all seine Kraft gekostet, und wenig war geblieben, um einander liebzuhaben und sich selbst zu ertragen, einander anzulachen und anzuklagen, sich zu streiten und zu vertragen. So war es ein verausgabtes Volk geworden. Um so mehr als die Sachen, die an seinem Herz festgewachsen waren wie Misteln an den Bäumen, mit den Jahren größer und schwerer wurden.

Das alte Wissen vom kräftezehrenden Charakter der Dinge war verdrängt worden, Besitz und Lasten zu teilen eine überholte Religion und nur noch Erinnerung an eine alte Zeit. Die moderne Zeit brauchte einen modernen Gott! Der ließ auch nicht lange auf sich warten. Er versprach, eine neue

Grundlage für alle zu schaffen. Man war sich einig, daß sie weniger brüchig als Liebe sein sollte. Etwas Berechenbares mußte her. Wie wäre es mit Angst? schlug der neue Gott vor. Angst, die jeder vor jedem hat und Frieden sichert. Angst sei herstellbar, vermehrbar, haltbar, berechenbar, kalkulierbar also. Angst garantiere den wahren Frieden.

›Und was bekommst du als Lohn dafür?‹ fragten die Leute. ›Das Übliche‹, sagte der neue Beschützer, ›Seelen!‹

›Wieviel?‹ fragte das Volk. ›Nun, tausend am Tag müssen es schon sein, wenn das System die ganze Welt umfassen soll!‹ ›Und wo sollen wir die hernehmen?‹ ›Keine Sorge! Ich hole sie mir an den Enden der Erde. Irgendwo am Horn von Afrika, Asien und Südamerika. Ihr merkt davon nichts!‹ ›Einverstanden‹, sagte das Volk.

Doch der Teufel wäre nicht der Teufel, wenn er zufrieden wäre mit einem Geschäft. Und so kommt er eines Tages mit Nachforderungen. ›Und wo sollen wir die jetzt hernehmen?‹ jammert das Volk. ›Am besten, ich hol' sie mir wieder selber. An den Rändern eurer Gesellschaft gibt es sie dutzendweise. Jammert nicht! Ihr könnt ihnen sowieso nicht helfen!‹ ›Jammern oder nicht‹, sagte das Kaufmannsvolk, ›es ist die ungeschminkte Realität!‹ Und am Ende bleibt es doch ein gutes Geschäft: Sicherheit für alle gegen ein paar tausend fremde Seelen und ein paar Dutzend weniger fremde arme Teufel. Und da waren nicht zehn im Volke, die jammerten.

Da tauchten eines Tages Reisende im Land auf. Die berichteten, derselbe Teufelsgott sei beim Feind mit dem selben Vertrag tätig. Auch der Feind habe Abschied genommen vom alten Wissen um den alten Gott.

Da ahnten einige im Volk, daß sie betrogen worden waren und wohin die Teufelsreise ging. ›Parteienverrat‹, riefen sie. ›Nicht tausend Unbekannte will er. Er will Millionen! Er will sie alle!‹ Und so schlugen sie Alarm!

Doch die Kaufleute wehrten sich und pochten auf Vertragstreue. Dazu sagten sie auch das Glaubensbekenntnis des neuen Teufelsgottes ohne Stocken auf: ›Kein ungünstigerer Zeitpunkt zur Umkehr als gerade jetzt!‹ Und dieser Streit des Volkes hält an bis heute.«

Ich war fertig und trat zur Seite. Der Bürgermeister war starr geblieben. Hatte ich überhaupt jemanden bewegen können? Ich wollte doch nicht streiten! Ich mußte es doch sagen?! Ich wollte doch nur verstanden werden.

Klug werden

Morgen ist Totensonntag! Ewigkeitssonntag! Da zieht es viele Menschen noch einmal vor Ende des Jahres auf die Friedhöfe. Noch einmal, bevor es Weihnachten wird! Sozusagen mit aufgeräumter Vergangenheit Weihnachten entgegensehen.

Und du stehst da vorm Grab deiner Eltern, Großeltern und Freunde und spürst, daß es gut ist, gekommen zu sein. So wie sie zu dir gehören, so gehörst du eben auch zu ihnen. Du gehörst nicht nur zu den Lebenden hier! Du gehörst irgendwie auch zu den Verstorbenen. Du bist nicht nur hier zu Hause. Du wohnst auch schon drüben. Und es ist gar nicht schlimm. Es ist gut so. Und es ist gut, daß du da bist.!

Merkwürdige Novembernachmittage, an denen die Sonne so früh untergeht und man für ein paar Augenblicke oder auch für Stunden eine Reise antritt, die über die Zeitgrenze gehen kann: Raus aus der Gegenwart, raus aus dem Streß und der Hektik der Zeit und hineingetaucht in die . . . Vergangenheit? Nein, Vergangenheit ist das eigentlich nicht.

Ist das Vergangenheit, daß ich bei meiner Mutter, meinem

Vater sein will? Ich rede doch mit ihm!? Ich brauche ihn doch!? Er ist doch bei mir?! Das ist doch keine Vergangenheit. Das ist doch wirklich! Das ist hier und jetzt! Nur irgendwie innerlicher, verborgener, meinetwegen auch verschwommener, empfindsamer. Eine Realität quasi hinterm Zeitvorhang, durch den ich für Augenblicke trete. Aber Vergangenheit ist es auf keinen Fall! Gut, ich bin bei meinen Vorfahren, bei meinen Ahnen. Aber genau dort wird mir für einen Augenblick deutlich, in welch langer, unendlich langer Reihe von Menschengenerationen ich da ziemlich klein stehe. Und daß ich ja noch lange nicht das Ende bin! Die Ahnen lassen mich ahnen, wer und was und wie alles nach mir kommen wird. In ihrer Nähe ahne ich die Kinder und Kindeskinder und schrumpfe auf eine wunderbar beruhigende und geborgene Größe zwischen all den Generationen. Ich gehe jetzt. Bald ist Weihnachten.

Kirche von Morgen

Keiner kann allein heil werden!

Daß die wachsende Zahl der Kirchenaustritte mit der wachsenden Zahl von Menschen, die eine Psychotherapie antreten, etwas zu tun hat, ist sicherlich nicht nur mir klar. Aber werden die unzähligen Therapeuten das schaffen, was den Kirchengemeinden und ihren Pfarrern versagt blieb? Werden sie Menschen nicht nur durch ihre Krisen begleiten, sondern auch heilen können? Ich kann das nicht sehen!

Was heißt denn heil werden? Heil sein und heil werden meint doch, daß man sich mit all seinen Lebensscherben eines Tages wieder als ein Stück Ganzes erlebt. Und nicht nur individuell als einzelne Person. Gerade eben nicht als einzelner, sondern als ein Teil einer Menschengruppe. Als Teil einer Gemeinschaft! Familie, Gemeinde, Verein, Bewegung, Volk, ganz egal! Keiner kann allein warm werden! Keiner kann allein heil werden! Das ist der Grundirrtum vieler Therapien! Einer kann allein einsam werden und sich auch herausziehen aus so manchen verrückten Bindungen zu anderen Menschen. Und dann? Dann muß er doch wieder Anschluß finden! Aber wo denn?

Jeder ist ein Teil dieser Erde, und sie ist ein Teil von ihm.

Da liegt das Heil. Und »die Verantwortung jedes einzelnen Menschen für die ganze Menschheit betrachte ich als die universale Religion«. Hat der Dalai Lama gesagt. Und ich finde, er hat recht.

Preiswerte Religion im Angebot

Die Zeiten, in denen man sich auf seine Institution stützen konnte, egal, was man zuwege brachte, scheinen der Vergangenheit anzugehören. Das Volk erkennt neben den Vorzügen langsam die Schattenseiten der Institution und erfährt sie als faule Haut, auf der ganze Hunderttausendschaften liegen. Parteien, Kirchen, Gewerkschaften, Verbände, sie sind in der Krise, und es bleibt ihnen nichts weiter übrig, als dorthin zu ziehen, wo die Menschen in Mitteleuropa jeden Tag sind: Auf dem Markt! Dort in einer Ecke, wo Meinungen, Ideologien, Weltanschauungen und Prinzipien, Regligionen und Scharlatanerie gehandelt werden, müssen wir unseren Stand aufmachen. Ob wir wollen oder nicht! Seitdem jede Generation und auch jeder Mensch zwischen verschiedenen Weltanschauungen wählen kann, muß auch jede Generation und jeder Mensch neu für diese oder jene Weltanschauung gewonnen werden. Kirche wird darum für ihr Produkt Werbung treiben müssen. Warum sollte es dieser Werbung anders gehen als aller anderen: Gut gemacht, ist sie in der Lage, ein Bedürfnis beim Verbraucher zu wecken und wachzuhalten.

Während die Kirche noch überlegt, ob es für zu verarmen drohende Adlige von gestern überhaupt zumutbar ist, frühmorgens auf den Markt zu ziehen wie Paulus auf den Fischmarkt von Korinth, haben große Konzerne die für Ethik und Weltanschauung reservierten, aber nicht besetzten Stände gesichtet. Für Marktlücken haben die eben einen siebten Sinn. Und schon liegen da Zigaretten, und oben drüber steht: »Come together!« Bunte Kinderkleidung sehe ich, und darüber steht mit großen Buchstaben geschrieben: »United colours!« Kaffee liegt ein Stand weiter mit Solidaritätsabgaben für die Dritte Welt, und Waschmittel wirbt für die Unversehrtheit der Schöpfung Gottes.

Wir werden Werbung treiben und die Händler aus diesem Marktsegment zurückdrängen müssen. Ob wir dabei Tische umstoßen müssen wie Jesus? Mission und Werbung sind ja so verwandt: Wir wollen beide nicht informieren! Wir wollen Kunden gewinnen! Menschen fischen!

Warum laßt ihr mich nicht mitspielen?

Wenn ich sonntags nicht selber zu predigen habe, gehe ich manchmal irgendwo in die Kirche. Sitze da in Reihe 17 und langweile mich meistens. Gehe trotzdem! Aber zugegeben, ich gehe immer seltener hin und frage mich, wonach ich eigentlich suche?

Ich suche wie viele nach einer Gemeinde, die nicht einfach mehr nach Dogmen und überkommenen Ritualien lebt, nur weil diese gestern gültig waren. Ich suche nach einer Gemeinde, der die Erfahrung der Versammelten wichtig ist. So wichtig, daß man sie untereinander austauschen muß. Ich suche nach Gemeinschaften von Menschen, die nicht nur mit den Ohren anwesend sind, sondern mit Herzen, Mund, Händen und Füßen.

Wir mitteleuropäisch-individualistischen Christen, die Protestanten mehr noch als die Katholiken, haben angefangen, von Generation zu Generation eine Religion zu überliefern, die mehr und mehr auf Verstehbarkeit, Nachvollziehbarkeit und eigene Lebenserfahrung gründet. Weg von den Opferpriestern, hin zu den Gläubigen! Wir haben Reden eigeführt, Deutsch statt Latein, Straßenlieder und Kirmesorgel statt weihevoller liturgischer Gesänge. Statt strikter Hierarchie Gremien, die entscheiden. Auch über das, was wir alle glauben wollen. Jetzt ist der nächste Schritt dran, denn die Menschen, alle, die zur Kirche gehören, müssen einbezogen werden. Und nicht nur als verzagte Mitsänger und Händefalter! Es darf keinen Menschen mehr in Reihe 17 geben, der sich langweilt. Früher oder später wird das so sein. Besser früher als später!

100 000 verlassen die DDR

Was wäre, wenn die vielen, vielen Menschen, die jährlich unsere Kirche verlassen, genau solche Wirkung haben wie die vielen, vielen, die die DDR verlassen haben? Desillusioniert und enttäuscht reißen sie, ohne es eigentlich zu wollen, ein Loch in die Grundmauern der Volkskirche. Ist das der Anfang vom Ende der Volkskirche? Eine Großstadt pro Jahr? Die Ausgetretenen aus den real existierenden Kirchen könnten der Anfang einer neuen, ganz anderen, freieren, weniger faßbaren Kirche sein, die verrückterweise genau das abwerfen muß, was in den letzten Jahren in der ehemaligen DDR abgeworfen wurde: Zuerst ein Formelchinesisch, das keiner mehr versteht und das durch Wiederholung und Wiederholung nicht glaubwürdiger und realer wird. Dann das ewige Lauern und Richten, das Fingerzeigen, wer denn noch auf Partei- bzw. Glaubenslinie liegt und wer schon wieder abweicht, weil er sich eigene heilige Gedanken macht und darum nicht in den Himmel kommt. Und wann fällt der Zentralismus, diese große Institution, die alles plant und weiß und die immer aus der Geschichte lernt und deshalb keine neue Geschichten zuläßt zugunsten kleiner Christenvereine?

Und die kirchliche Presse bei uns ist ja auch nicht viel besser als das *Neue Deutschland* der untergegangenen DDR. Wo kann ich denn einen kritischen Report über den Herrn Bischof lesen? Mit dem Bundeskanzler gehen wir doch viel hemdsärmeliger um. Und der Gemeindebrief vor Ort ist auch nur die *Prawda* des Pastors: Hofberichterstattung da, Kirch-Hofberichterstattung hier! Und Hunderttausenden reicht's! Wenn dem so ist, dann sind die Ausgetretenen aus unseren Kirchen keine verlorenen Kinder, sondern mindestens so mutig und entschlossen, ehrlich Entscheidungen zu treffen wie die, die weiter in den Kirchen bleiben und dort mit vielen Menschen an der Verwirklichung der Hoffnung arbeiten.

Eine Hand wäscht die andere

Der Kultusminister von Nordrhein-Westfalen hat angeordnet, den Schulbetrieb auf Effektivität untersuchen zu lassen. In Schulnoten ausgedrückt, war das Ergebnis mangelhaft!

Und wenn wir den Mut hätten, solche Untersuchungen in unseren Kirchen durchführen zu lassen? Das Ergebnis sähe nicht nur da und dort genauso aus, sondern auf weiter Flur. Die Effektivität der Kirchen nähert sich eher dem Mangelhaft als Ausreichend. Aber darf man eine Kirchengemeinde mit der Meßlatte der Effektivität begegnen? Danach fragt bald keiner mehr. In unserem Land wird doch alles berechnet. Die Kaufmannsgesellschaft mit den Kaufmannsgesetzen kennt nichs anderes. Sie kennt nur Input und Output. Und früher oder später mißt sie alles mit diesem Maß. Die Kirche wird gefragt, ob sie will oder nicht: Was bringst du mir für das, was ich dir gebe?

Da kehrt dann für gewöhnlich die Kirche den zweitgrößten Arbeitgeber des Landes raus: Von Kliniken bis Kindergärten, flächen- und generationendeckende Nächstenhilfe! Das Dumme an der Antwort ist nur, daß der Staat mit oft weit über 90 Prozent die Kosten trägt. Und Kindergartenplätze sind mittlerweile gesetzlich garantiert. Ob die Kirche ihn trägt oder nicht. Also was bringt mir die Kirche?

Die mutigste Antwort der Kirchenleute, keck in die Kaufmannsgesichter geschleudert, ist immer noch: Ihr bezahlt uns dafür, daß wir euch daran erinnern, wie unmenschlich eure ganze Rechnerei ist. Das ist eine schwere Arbeit. Es ist anstrengend, gegen den Strom zu schwimmen. Lohnen sich etwa alte Menschen? Lohnen sich heutzutage Kinder? Lohnen sich Kranke, lohnen sich Dicke? Lohnen sich Reiche? Lohnen sich Gebete? Lohnen sich Gesänge? Lohnen sich Opern? Lohnen sich Feste? Nein!

So ist es mit der Kirche auch. Sie lohnt sich nicht. Aber das will sie auch nicht. Sie will bei den Menschen bleiben, die sich nicht lohnen.

Keine Feier, kommt kein Meier!

Ohne Gottesdienste, ohne Zeremonie, ohne Fest für alle, davon bin ich fest überzeugt, laufen wir uns in Sachen Diakonie, Caritas und Nächstenliebe tot. Ich kann doch nicht mein Leben lang von Engagement zu Engagement, von Einsatz zu Einsatz laufen, ohne irgendeine Tankstelle zu haben. Ich kann doch nicht bei aller Sehnsucht zu helfen, dauernd geben und geben, ohne selber das Nehmen und Annehmen zu üben. Geht doch nicht! Liegt doch auf der

Hand! Nur, wie sollen solche Gottesdienste, solche Feste des Lebens, solche Tankstellen auf der Lebensreise aussehen? Im Augenblick gibt's da offenbar wenig zu holen. Ein bißchen aber schon. Zuerst einmal, weil unsere Zeit hektisch ist, gibt's in den Kirchen Ruhe. Weil das gut tut! In der Ruhe liegt die Kraft! Ruhe! Stille! Viele Menschen holen sie sich dort ab. Darum muß jede Gemeinde die Kirchentüren öffnen, wo immer es nur geht!

Aber irgendwann müssen wir ja auch miteinander reden. Woher, wohin, welche Ziele, welche Erfahrungen, und da fängt dann das Problem an. Wir sprechen einfach nicht mehr die Sprache unserer Mitmenschen, wir singen nicht mehr ihre Lieder, ja, wir kritisieren oft genug sogar ihre schlichten, selbstgemachten Gebete. Kurz: Wir rühren und berühren uns nicht mehr in unseren Gottesdiensten. Wir werden das lernen müssen. Oder wir sind bald, wie Paulus sagte, ausgebrannt, und genutzt hat es keinem. Die Erfahrung von Gott und den Menschen, in die Mitte genommen zu werden und geliebt zu werden, fehlt einfach!

Irren ist lutherisch

Das war das dickste Pfund überhaupt, daß Luther seinen katholischen Mitbrüdern vor die Wittenberger Schloßkirchentüre warf: Ich folge nur Begründungen, die ich aus der Bibel, der Heiligen Schrift, entnehmen kann und Gründen der Vernunft! Sätze, Dinge und Vorschriften, Dogmen und Gesetze, die von der Kirche zwar seit eh und je so verkündet worden sind, sich aber nicht aus der Bibel und Vernunft begründen lassen, lehne ich ab! Machen wir nicht! Millionen Fliegen können schließlich auch irren!

Und dann zerpflücken in Luthers Nachfolge die Lehrer

der Theologie an den evangelischen Fakultäten der Universitäten zweihundert Jahre lang die Heilige Schrift, lassen keinen Buchstaben mehr neben dem anderen, ohne ihn auf sein Zustandekommen zu befragen, und müssen am Ende feststellen, daß der liebe Gott selber gar nicht schreiben konnte. Er ließ also schreiben. Das machen große Könige immer so. Das ist ja noch kein Beinbruch. Blöd ist nur für den einmal auf Luther eingeschworenen Menschen, daß es die Kirche war, die festsetzte, was nun Aufgeschriebenes in die gute Bibel kam und was draußen vor bleiben mußte. Daß also am Anfang nicht die Schrift war und Matthäus, Markus, Lukas und Johannes und Paulus, sondern die ersten Kirchenkonferenzen, die festlegten, ob Matthäus darf oder nicht, Markus paßt oder nicht, Lukas doch nicht ein zu großer Kuscher vor den Römern war und Johannes mit seinen Wundern, Worten und Gesichtern überhaupt als zurechnungsfähig galt. Maßstab war, wie bei der Zeugenvernehmung durch die Polizei auch: Wer hat was gesehen? Wer war dabei? Matthäus? Markus? Lukas? Johannes? Paulus?

Und jetzt stellt sich nach modernster kriminaltechnischer Analyse der Schriften und zahlreicher Vergleiche doch tatsächlich heraus, daß sie alle nicht dabei waren! Was nun? Auf nichts ist Verlaß!

Versöhnungsfest

Warum einfach, wenn es auch kompliziert geht? Gottesdienste und Messen laufen immer nach einem Schema ab, das man Liturgie, man könnte auch sagen Spielverlauf, nennt. Und was da nun hoch und heilig gespielt wird, heißt: Wir spielen heute Versöhnungsfest zwischen Gott und den Menschen, mit allem, was dazugehört! Wir fangen wie im richtigen Leben also damit an zu fragen, ob wir uns überhaupt versöhnen und vertragen wollen. (Soll ich heute in die Kirche gehen, ja oder nein?) Wenn nein, bitte aussetzen und weiterschlafen. Wenn ja, bitte aufstehen und weiterspielen. Zuerst kommt die Begrüßung zwischen Gott und den Menschen. (Im Namen des Vaters und . . .) Ziemlich unterkühlt, eher rituell. Dann geht's aber gleich in die Vollen. Gott und wir, wir werfen einander vor versammelter Mannschaft vor, was wir vorzuwerfen haben. Der allmächtige Gott, den wir vermißten, auf der einen Seite und unsere gebrochenen Verabredungen auf der anderen Seite. Kyrie (für die Kontrolleure unter den Lesern)! Die Vorhaltungen hören nicht auf, bis wir ziemlich erschöpft wie ein zerstrittenes Paar endlich auf die seligen Zeiten, die Flitterwochen, zu sprechen kommen. Damals, als wir uns so nah wie noch nie waren und der Himmel die Erde berührte. (Lesung des Evangeliums!) Und jetzt, wie kriegen wir die alte gute Erfahrung wieder vor unsere Füße? Welche Verabredungen sind nötig? Wohin soll die Reise gehen? (Predigt!) Sind alle einverstanden, geht jetzt einer der Streithähne, die sich spielerisch liturgisch versöhnt haben, in den Keller und holt eine gute Flasche Wein, um das Ganze zu begießen. (Richtig, Abendmahl!)

Wenn Brot und Wein geteilt sind, fehlen noch die gegenseitigen guten Wünsche, Ermahnungen, Bitten und Fürbitten. Und gehen will auch keiner, ohne daß er nicht vorher vom anderen gesegnet worden ist. Der Weg mit den neuen Verabredungen ist schwer genug. Es kann so viel passieren. Da braucht man einen guten Stern. Selbst, wenn man nur einen Schritt weit kommen will. So einfach ist das! (Segen)

Adieu!

Erstens hab' ich heute Geburtstag und zweitens ist Synode. Geburtstag brauche ich nicht zu erklären, wiewohl so mancher seine Schwierigkeiten damit hat. Aber Synode sollte ich erklären! Die alte Kirche schleppt ja so manches unverständliche Vokabular mit sich rum. Griechisch, Latein, Hebräisch! Das macht ihr oft genug ein Image, als sei sie von gestern und nur von gestern.

Aber wer ist nicht von gestern?! Also, Synode ist heute! Und Synode ist griechisch und bedeutet, zusammengesetzt aus zwei Wörtern: Syn und odos, einen Weg zusammengehen.

Und Synode ist dann das gemeinsame Stück Wegs, das die Kirchenleute zusammengehen müssen, um sich über die zukünftige Richtung klar zu werden. Synode ist wie ein Kirchenparlament. Menschen, die aus den unterschiedlichsten Gemeinden zusammengekommen sind, um einen gemeinsamen Weg zu finden. Das ist nicht leicht. Aber besser diese uralte Art, gemeinsam einen Weg für alle zu finden, als überhaupt nicht gefragt werden. Das gibt es ja bei Kirchens auch.

Non habemus papam!

Wer sagt eigentlich in der evangelischen Kirche, wo es lang geht? Haben die keinen Papst? Haben die keinen, der führt, damit die anderen ruhig folgen können? Wer sagt denn bei den Evangelischen Hü und Hott, was richtig und falsch ist? Oder wenigstens: Was richtig und was falsch sein könnte?

Antwort: Niemand! Oder besser: Niemand, den man auf dem Balkon fotografieren könnte. Aus dem himmlischen

Kabinett der Theologen aber wäre der Heilige Geist zuständig. Er hat hier auf Erden die Vertretung zu organisieren. Er führt die Kirche, und sonst niemand! Und weil der nirgendwo residiert und auch noch weht, wo er will, werden wir miteinander reden müssen, bis wir uns verstehen. Wir werden gegeneinander argumentieren müssen, bis wir die andere Seite überzeugt haben. Wir werden solange zuhören müssen, bis uns die Worte der anderen wieder zu den Ohren rauskommen. Denn in der Kirche führt keiner! Führen soll der Geist der Gemeinschaft. Den aber kann man mühsam erarbeiten, und er ist dann heilig. Daß das nicht graue Theologie ist, zeigt sich eben daran, daß die evangelische Kirche niemanden hat, der regiert. Sie hat einen Sprecher, der Antwort geben soll, wenn die evangelische Kirche gefragt ist. Einen Ansprechpartner, wenn jemand wissen will, was die Kirche denkt und sagt. Und die berät dann wieder in oben beschriebener Weise. Kostet viel, viel Zeit, zugegeben! Aber lohnt sich doch!

Pfarrer privatisieren

Ich empfehle den ganzen geschichtlichen Spannungsbogen unseres Berufes zu betrachten, um besser beurteilen zu können, wohin die Reise gehen muß. Zuerst die charismatischen Propheten der Wüste, die ohne Amt und erst recht ohne Würde einfach reden mußten, um mit sich selbst und der Welt klar zu kommen. Und dann erst die Priester, die mit Errichtung fester Religionsstrukturen und Tempel das seßhaft gewordene Volk aus dem Stand begleiten können. Priester, die aber immer noch abhängig sind von der Gunst und Großherzigkeit der Pilger und Beter. Jetzt sind wir soweit, daß ein Pfarrer bei immer weniger Erfolg, weil heute nur noch vier Leute in der Kirche sitzen und morgen drei, pro Kopf immer mehr Geld bekommt. Warum kommt bei denen da eigentlich nicht unverhohlen Freude auf! Wer hat so einen Lenz von den Gemeindegliedern? Wenn man schon nicht aus guten Gründen bereit ist, die Besoldung der Pfarrer vom Klingelbeutel abhängig zu machen, wie das in den USA der Fall ist, dann kann man doch privatwirtschaftlichen Dampf(Geist) machen, indem rückläufige Kirchenaustritte bzw. Wiedereintritte in die Kirche sich mit ca. 10 000 DM positiv auf die Gemeindekasse vor Ort auswirken? Oder ist der Erfolgsgedanke als solcher schon vom Teufel? Das könnte den Pfarrern so passen!

Fast wie ein Ende

»Was noch fehlt, ist ein Schluß«

»Was noch fehlt, ist ein Schluß. Das Buch geht im Grunde nicht richtig zu Ende. Bitte schreiben Sie doch noch ein kleines Schlußwort.« Das schreibt mir das Lektorat des Verlages, das doch wohl hofft, daß mein Leben weitergeht und hier nur die Geschichten deshalb fast abbrechen, weil ich die anderen Geschichten meines Lebens noch nicht erlebt habe. Aber ich denke, daß sie doch irgendwie recht haben, die Leute vom Verlag. Ich fühle mich jetzt auch von ihnen in meiner Unordnung entdeckt. Die wissen schließlich auch, daß ich Widder bin und also ein genialer Anfänger(?). Aber daß ich damit gleichzeitig ein katastrophaler Beender bin, daß offenbart sich jetzt.

Und mein anderer Großvater fällt mir endlich ein. Er starb, als ich ein Jahr alt war. Vaters Vater, der ein genialer Beender gewesen sein muß, weil er sich vor seinem Tode beim Tischler seinen eigenen Sarg schreinern ließ. Weil Ordnung sein muß. Und er hat sich sogar fast selbst in den Sarg reingelegt, was mir bis heute ein ehrfurchtsvolles Schauern abnötig. Was habe ich eigentlich von dem? Nichts?

Denn geliebt und zu Hause bin ich bei dem anderen

Großvater, Opa Eugen, von den ersten Seiten meines Lebens. Der ging die ganze Sache mit dem Sterben und dem Ende etwas gelassener und verwildert, eben unordentlicher an und wollte mit Löchern im Jackett nicht einmal in die Sterbekasse zahlen. »Ich verlaß mich auf meinen Gestank!« hat er gesagt. Und ich habe gelacht. Einfach verduften!

Was für ein Ende! Spurlos!

ECON Geschenkbuch

Frida Huwiler

Lebensbäume

Begleiter im Werden, Sein und Vergehen
104 Seiten, 21 4c-Abb.

Jedem Menschen ist aufgrund seines Geburtsdatums ein Lebensbaum zugeordnet. Die besondere Symbolik wird hier zum ersten Mal in Farben und Formen ausgedrückt und steigert sich zu einer wunderbaren Lichtfarbmelodie. Machen Sie Ihren Baum zu Ihrem Freund und Begleiter – er wird Ihnen Glück bringen.